学校でこそできることとは、なんだろうか

Satomi Minoru
里見 実

太郎次郎社エディタス

学校でこそできることとは、なんだろうか　目次

学校でこそできることとは、なんだろうか

第一章　ふたたび学校について

1 天は人の上に人を造らず。されども、と諭吉はいった

まず、以下のテキストを精読してください。

おそらく、あなたがすでに何度か目にしたことのある文章です。

作者にまつわる先入観を捨てて、とりあえず、テキストそのものをよく読んでください。


天は人の上に人を造らず人の下に人を造らずと言えり。

されば天より人を生ずるには、万人は万人皆同じ位にして、生れながら貴賤《きせん》上下の差別なく、万物の霊たる身と心との働きをもって天地の間にあるよろずの物を資《と》り、もって衣食住の用を達し、自由自在、互いに人の妨げをなさずして各〻安楽にこの世を渡らしめ給うの趣意なり。

されども今広くこの人間世界を見渡すに、かしこき人あり、おろかなる人あり、貧しきもあ

り、富めるもあり、貴人もあり、下人《げにん》もありて、その有様《ありさま》雲と泥との相違あるに似たるは何ぞや。その次第甚《はなは》だ明らかなり。実語教《じつごきょう》に、人学ばざれば智なし、智なき者は愚人なりとあり。されば賢人と愚人との別は、学ぶと学ばざるとに由《よ》って出来《いでく》るものなり。また世の中にむつかしき仕事もあり、やすき仕事もあり。そのむつかしき仕事をする者を身分重き人と名づけ、やすき仕事をする者を身分軽き人という。すべて心を用い心配する仕事はむつかしくして、手足を用いる力役《りきえき》はやすし。故に、医者、学者、政府の役人、または大なる商売をする町人、夥多《あまた》の奉公人を召使う大百姓などは、身分重くして貴き者というべし。身分重くして貴ければ自《おの》ずからその家も富んで、下々《しもじも》の者より見れば及ぶべからざるようなれども、その本《もと》を尋ぬればただその人に学問の力あるとなきとに由《よ》ってその相違も出来《いでき》たるのみにて、天より定めたる約束にあらず。諺《ことわざ》に云《いわ》く、天は富貴を人に与えずしてこれをその人の働きに与うるものなりと。されば前にも言える通り、人は生れながらにして貴賤貧富の別なし。ただ学問を勤めて物事をよく知る者は貴人となり富人となり、無学なる者は貧人となり下人となるなり。

（改行は引用者。原文は上掲全文で一節をなす。岩波文庫版に適宜、ふりがなを補った）

能力主義宣言としての『学問のすすめ』

「天は人の上に人を造らず人の下に人を造らず」——『学問のすすめ』のあまりにも有名な冒頭の一節である。福沢諭吉ときけば、まず、この文章を思いおこす人もすくなくないだろう。

しかし、上記のテキストの全体をもう一度よく読みかえしてみよう。

この文章は、平等をうたった文章なのだろうか、それとも、厳然として存在する社会的不平等を根拠づけ正当化した文章なのだろうか。

「天は人の上に人を造らず人の下に人を造らず」。しかし作者は、用心深く、「言えり」とその語尾を結んでいる。あとの文節には、それをうけるかたちで「されども」という接続詞がくる。

人間は生まれながらにして平等である。されども、と諭吉はいう。人間社会の実態をみれば、そこには天地にひとしい貴賤・上下の格差がある。

ほんらい平等な人間のあいだに、どうしてこんな格差がうまれるのだろうか。

その落差は何によって生ずるのか。

学ぶと学ばざるとによってうまれたのだと、作者はいう。

ある仕事はむずかしく、ある仕事は易《やさ》しい。能力のある人はむずかしい仕事をするし、ない者は易しい仕事をする。その当然の結果として、身分と貧富の差が生ずる、というのが、諭吉の議論だ。これは現実に存在しているヒエラルヒーを正当づけるイデオロギーではないだろうか。現実の経済的・社会的不平等は、学問の力の有無、個人の能力差の帰結であって、そのかぎりにおいて合理的であるということになるだろう。

権利において人は平等である。だが、諭吉によれば、この権利における平等は、現実における人間の社会的不平等をなんら否定するものではない。『学問のすすめ』においては、平等の理念は、むしろ社会的不平等を正当化する論拠として動員されている。

人は生まれながらにして貴賤貧富の別があるわけではない。その後の努力によって、すなわち学問を勤めたか否かによって、その差がうまれるのであるから、不平等を恨むのはスジちがいである、ということだ。

私はことさらに諭吉を論難するために、このような分析をおこなっているわけではない。この諭吉のテキストのなかに、能力主義の思考法が、きわめて端的に提示されていることに注目したいのである。それは今日なお、ある種の教育論、というよりも教育制度そのものをつらぬく基本的なパラダイムとなっている。

それによれば、学問や教育は諸個人のあいだに格差をつくりだす一種のフィルターなのだ。そのかぎりにおいて、世襲的な身分制度は否定される。

出自のいかんを問わず、だれもが教育をうけ、おのれの才芸を磨く自由をもつ。

が、その教育の結果として、身分や富の格差は軽減されるのではなく、むしろ助長されるのである。

それは助長されるとともに正当化される。

権利の平等が抽象的な理念として主張されるのは、現実的にそれを否定するためなのだ。平等は強者の支配をうちかためる理念にすぎない。

諭吉の『学問のすすめ』は、たしかに、国民皆学へのよびかけではあった。しかし、「結果としての不平等の是正」という問題意識は、諭吉のなかにはない。その点で、たとえばコンドルセの公教育思想とはきわめて対照的である。国家が教育をおこなうのは、たんに権利の平等を宣言するだけではなく、その権利の行使における個人間の不平等をより小さくするためだ、と、このフランス革命期の啓蒙思想家はいう。

「学制」――学問は身をたてるための財本なり

この本の初編が、明治五年（一八七二年）二月、学制発布にわずかにさきんじて刊行されたものであることを思いおこしておくことは重要だ。

なぜなら、明治政府が「学制」の理念を明示した明治五年八月の太政官布告「学事奨励に関する被仰出書《おおせいだされしょ》」の論旨は、諭吉の『学問のすすめ』のそれといちじるしく酷似しているからである。

「被仰出書」の基本的な論旨は、以下の三点に要約される。
1 学問は「身を立《たつ》るの財本」であり、人それぞれがその能力に応じて勉励し、もって生を治め、産を興し、業をさかんにすることを得さしめることが教育の目的である。
2 従来学問は、「士人以上の事」とされ、稀《まれ》に学ぶ者があっても「動《やや》もすれば国家の為にすと唱え身を立るの基《もとい》たるを知らず」、そのため「詞章記誦の末」に走り、「空理虚談の途」に陥ったのは、じつに「沿襲の習弊」であったといわなければならない。
3 これより以後、一般の人民をして、均《ひと》しく学に就《つ》かしめ、「邑《むら》に不学の戸なく、家に不学の人なからしめん事を期す」るのが、今般の「学制」の趣意である。
最後に、その費用は官費ではなく、基本的に人民の自弁とする、というきわめて重要な原則が添記されている。

この人民負担の原則を根拠づけることが、太政官布告の最大の目的であった、とうけとることも不可能ではないだろう。

国民のすべてを対象とする強制義務教育は、民衆の必要とは無関係に、あくまでもナショナル・インタレストの見地から制度化されたものでしかなかった。そのことは自明であった。だからこそ、教育は国家のためならず、という方便的タテマエをことさらに強調せざるをえなかったのである。実学の思想は、実際には教育費の人民負担の原則を正当化するアポロジーにすぎなかった。

たしかに文面としていえば、「被仰出書」がうたっている教育理念は強度に個人主義的で功利主義的であって、そこにこの布告のきわだった特徴があることは否定できないが、明治十三年の改正教育令、そして十九年の森有礼《もりありのり》の教育改革の段階になると、この原則ははやくも完全にくつがえされて、国家主義が前面にうちだされるのであって、この太政官布告のなかに日本の国民教育制度の理念が真にしめされていると考えるわけにはいかない。

アメリカ型学校を選択した日本

だが、「学制」が、いわゆる単線型の、相対的に「民主的」な学校制度をうちだしていたことは注目に値する。

阿部重孝によれば、学校系統には歴史上ふたつの注目すべき型があった。ひとつはヨーロッパ型で、もうひとつがアメリカ型である。

前者は既存の社会階級に立脚してたてられたもので、中流以上の階級に属する子弟のための教育と、一般庶民のための教育とが、それぞれ別個の系統をなしていて、相互に連絡がないのが特徴である。

後者は初等・中等および高等教育をひとつの連なりとして組織し、その学校系統を構成する各段階の学校は、相互に連絡し、かつすべての国民に平等に公開されていることを特色としている。

「学制」によってさだめられた学校制度はアメリカ型のものであったし、それ以後も日本の学校制度は、どちらかといえばヨーロッパ型よりもアメリカ型に近かった。われわれはそういう枠組みのなかで学校を考えることにすっかりなじんできた。だから中等学校といえば、とりもなおさず、初等教育を修了した者が就学する学校と了解してしまうのである。

ところが、ヨーロッパ型の学校系統からすると、かならずしもそういうことにはならないわけである。初等教育と中等教育は、おなじ系列の教育のそれぞれの段階の相異をしめすものではなく、むしろ、教育の種類・系統そのものの相異をしめしているのである。

たとえば、ドイツのプロイセンは八年制の国民学校 Volksschule を設け、これへの就学を義務づけたが、それはあくまでも庶民の学校であって、かれらの教育は初等教育にかぎられていた。おなじ学齢に達した中流以上の階級の子弟は、国民学校には入学せず、高等学校 hohere Schule の予備校 Vorschule に入学するのである。この予備校は就学年限三年で、これを修了すると九年制の高等学校にすすむ。だが、国民学校の卒業生が高等学校に進学することはできなかった。

フランスの学校系統も大同小異であった。一般庶民を対象とする尋常小学校 école primaire élémentaire（七年）および高等小学校 école primaire supérieur（三年）と、中流以上の階級の子弟を対象にする中等学校（lycée《リセ》もしくは collège《コレージュ》）は、まったくべつなふたつの学校系統を構成していた。中等学校の就学年限は七年であるが、それにさきだって、幼稚科・予備科・初等科という特別な予備教育の諸課程で、つごう五、六年の修学をへた者のみが、リセやコレージュへの進学を許されるのである。

イギリスのグラマー・スクールやパブリック・スクールも、おなじように特権的な中等学校として発達したものだ。

アメリカの学校制度は、八・四・四制からしだいに六・三・三・四制に変わっていったが、学校系統は一貫して単線型で、すべての生徒は初等学校をおえて中等学校のそれぞれの課程にすすむのであり、中等教育以後は、それぞれの生徒の境遇・志望・才能によって、どの課程を修めるか、またどのていどまで教育を継続するかがきまっていくわけである。

ヨーロッパ型の学校制度が階級的・閉鎖的であるのにたいし、アメリカ型はより開放的で平民的といえるだろう。

「学制」ではアメリカ型の学校制度が採用された。

その後の何度かの制度改革によって、日本の学校制度にもかなりヨーロッパの複線型の要素がとり入れられていくが（そのため、そこをでても先にすすめない袋小路の学校がいくつもうまれたが）、にもかかわらず初等・中等・高等教育を教育の順序として位置づけたという意味では、日本の学校は依然として統一学校型に近いのである。

「機会均等の理念」を読み解く

アメリカ型の学校制度をささえているのは、機会均等の理念であった。「アメリカの夢」は、出自と階級のいかんにかかわらず、人はだれもがその能力と努力に応じて、みずからにふさわしい地位を獲得することができると約束していた。

アメリカでは他人のことを〈あの人はどういう身分か〉とは聞かないで、〈あの人は何ができるか〉と聞く。（ベンジャミン・フランクリン『アメリカに移住しようとする人々への情報』、一七八二年）

約束の土地であった西部のフロンティアが消滅した十九世紀の後半以降、学校が新しい「西部」として登場したと、『アメリカ資本主義と学校教育』の著者、S・ボウルズとH・ギンタスはいう。学校の階梯をよじのぼることによって、貧困や肉体的苦役から個人は解放されると期待された。そしてこの競争の機会は、すべての者にたいして均しく開かれており、チャンスは平等で公平でなければならなかった。それこそがアメリカの民主主義の証たるべきものであった。

わが教育基本法の第三条にうたわれている教育の機会均等の原則も、こうした理念を継承するものであるといわなければならない。

教育基本法

第三条（教育の機会均等）

1　すべて国民は、ひとしく、その能力に応ずる教育を受ける機会を与えられなければならないものであって、人種、信条、性別、社会的身分、経済的地位又は門地によって、教育上差別されない。

2　国及び地方公共団体は、能力があるにもかかわらず、経済的理由によって修学困難な者に対して、奨学の方法を講じなければならない。

さて、最後は宿題である。

最初に諭吉のテキストを検討した。この機会均等の原則についても、それを批判的に吟味することが必要だろう。「教育の機会均等」という美しい理念は、現実に存在している社会の不平等と、どのように整合し、おぎないあっているだろうか。

＊——本節と次節は、私の勤務校における一般教養講座「教育」の講義資料として作成したものである。九三年度に使用、今回、再起用した。

2　機会均等とは、不平等になる機会が均等に与えられる、ということで

『学問のすすめ』、大学生たちのレスポンス

このまえの講義に寄せられたコメントを糸口にして、きょうの話をすすめよう。

諭吉の時代は江戸の末期であり、士農工商の身分制度がレッキとして残っていた。百姓に学問だって？　という時代背景だった。その時代に学問のすすめを著したのは革命的なことだったと思う。

法律・一年　U・Hくん

諭吉の考え方は、身分の低い人へのはげましなのではないかと思う。

文学・四年　H・Fさん

講義のなかできわめてかんたんにしかふれてこなかった前提的な部分を、こうしたコメントが補足的に指摘してくれているように思う。

基本法の第三条についても、それと関連づけてコメントを書いた人が多かった。

今まで、ただ「人間皆平等」のパイオニアとしか知らなかった福沢諭吉の『学問のすすめ』に、このような解釈の仕方があるとは思わなかった。福沢がもし学歴による身分差を肯定しているのだとすれば、現代社会の「ホワイトカラー」「ブルーカラー」（私はこの言葉が嫌いだが）の下地を創ったことになり、教育基本法も、その色分けの「公正」のために存在していると言って良いのではないだろうか。

経済・四年　E・Kくん

「教育の機会均等」は国民すべてに与えられた「権利」であるといえる。だが、その「権利」を享受した途端、われわれを待ちかまえているのは、「学ばなくてはならない」という義務である。そしてそのような「義務」を果たせない者は、「権利」を放棄せざるを得ない。そういう論理があるからこそ、学校内で、いわゆる「能力主義」が台頭してくるのだろう。社会全体の不平等を考えるなら、なぜ教育を受けることを皆が望むのかを、社会全体の在り方の問題として考察することが必要だろう。

史学・三年　K・Nくん

教育を受ける権利の平等がうたわれているが、その平等に受けられる教育をつうじて実際社会に不平等が生じるのは問題にされていない。また、どのような教育が受けられるかは経済的な差異によって差がつく可能性が考えられ、そこにも不平等が生じる。

神道・四年　H・Tくん

最終学歴で身分がきまった明治の社会

次ページの表は、明治三十五年に文部省がだした「教育ノ効果ニ関スル取調」から作成されたもの。表Aには当時の大企業六十二社の技術者・職工の学歴構成が、表Bには主要十九銀行会社の職員のそれがしめされている。（天野郁夫『学歴の社会史』、新潮選書、一九九二年による）

どちらも上級職員には大学卒業者が多く、階梯組織を下るにつれて、従業員の学歴水準は順次、低くなっている。うけた教育の水準によって、その人の職場での階級が決定されていく、いわゆる学歴社会が、もうこの時代にはおおかたの大企業の人事管理の体制になっていたのである。

もっとも、表Aを見ると、「学歴ナキ者」が技士・助手および職工の最大部分をしめており、また技師のなかにも学校を卒業していない者がけっこう多い。この時点では学歴は、すくなくとも技術系の会社ではまだ絶対的な資格要件にはなっていないようだ。

日本の大企業が学歴を基準にした経営身分秩序を確立するようになるのは、第一次世界大戦後

●表A

	技師	技士・助手	職工	計　（人）
工科大学卒業	189	53	——	242
高等工業卒業	26	121	——	147
工業学校卒業	38	851	116	1,005
義務教育修了	5	1,103	27,243	28,351
学歴ナキ者	47	2,251	35,191	37,489
計	305	4,379	62,550	67,234

●表B

	重役・上級社員	中級社員	下級社員	計　（人）
帝国大学卒業	60	56	——	116
東京高商卒業	15	87	15	117
商業学校卒業	5	97	97	199
各種ノ学校卒業	121	721	497	1,339
義務教育修了	33	863	2,000	2,896
学歴ナキ者	29	284	89	402
其の他ノ者	110	1,390	3,897	5,397
計	373	3,498	6,595	10,466

で、社員・準社員・工員・組夫といった身分グループがはっきりと学歴別に差別化されていく。

社員は大学・高等専門学校の卒業者から採用された者で、その給与は月給制である。幹部候補生として本社で一括採用され、年齢とともに昇進する。

準社員は中学校・実業学校卒業者。デスクワークをおこなうホワイトカラーであったが、その仕事はせまく限定されていた。給与は日給月給制（月単位で俸給がきまっているが、欠勤すると日割計算でさしひかれる）によっていた。特殊な分野において事務・技能に通暁することによって、昇進の道が開かれ、昇給もしたが、社員身分に変わることはまれであった。

工員は工場のなかで機械・装置を操作して製品を製作する筋肉労働者で、高等小学校卒業者から採用された。賃金は日給制、実質的には時間給ともいえるものであった。生産の基本的な工程の担い手であったが、にもかかわらず工員層は、企業経営にとっては、よそものであった。原則として、工員にたいしては、賞与はなかった。昇進は技能を習得してじょじょに上級の技能者の列に入り、役付工になることであった。

尋常小学校の卒業者は組夫となった。かれらはいまでいう社外工で、工場設備の補修、工場内での運搬、製品の包装といった筋肉労働に従事した。生産工程の機械化がすすむと、こうした補助部門ではたらく労働者の数も増大していくのである。雇用形態は通常きわめて不安定で、労働条件も劣悪、かつ不公正であった。

身分間の移動はなかったから、学歴は、労働者としての一生のコースを決定する主要な要因であった。初等教育のみを終えた者が職員になることはきわめて希有なことであったし、逆に、中等教育の学歴をもつ者が工員身分で工場に入ることもむずかしかった。こうして、「学問の有無」を基準とする新しい身分社会がかたちづくられていったのである。（氏原正治郎『日本の労使関係』、東大出版会、一九六一年による）

階層を再生産する現代の学校

こうした学歴別の身分秩序は、第二次大戦後、労働組合運動の高揚を背景にしてかなりの程度まで緩和された、といわれている。社員・準社員・工員の差別は撤廃され、本工であれば工員もまた一律に、従業員としてとりあつかわれるようになった。同時にまた、進学率の上昇によって、階層別労働市場の数量的比例関係は大きく掘りくずされ、かつてのように学歴との対応を厳密に遵守することはむずかしくなった。とはいっても、学歴にもとづく労働市場の階層性そのものが解消されたわけではない。

学歴水準が全体的にレベルアップした現在の日本では、学歴よりもむしろ、どんな学校をでたかによって、労働市場へのアクセスが決定されていく傾向がつよく、それが進学をめぐるいわゆる受験競争の激化の背景となっていることは多言を要さない。

身分制度がかたちのうえでなくなっても、合理化の進展の結果として、労働の区分化と階層化はさらにすすんでおり、テーラーシステムに象徴されるような、企画と執行の分離もそれとともに進行している。雇用はより階梯的に官僚制化されているといえよう。そして、このように差別化された労働市場に「適正な比率で」人材を供給する調整装置としての学校の役割は、必然的に増大しているのである。

これは日本だけの現象ではない。S・ボウルズとH・ギンタスは、さきに言及した著書『アメリカ資本主義と学校教育』のなかで、つぎのようにのべている。

高度に発達したアメリカ資本主義における労働関係を全般的に特徴づけるものとして、まず官僚制的組織、ヒエラルキー的権限系列、仕事の細分化、不平等な報酬が挙げられる。人々が、このような非民主的で、不平等な側面をもった労働環境を受容し、しかもそれを当然視するということが重要となってくる。さらにこれらの地位に人々をつけるときには、リベラルな民主主義における「法のもとでの万人の平等」という建前とならんで、手続きが平等であり、結果も公正であるようにみえなければならない。

（宇沢弘文＝訳、岩波現代選書。原書一九七六年）

その要求に応えたのが、機会均等と能力主義のイデオロギーであった。

諭吉の考え方でいくと、人の格差は、個人がどのようにして学問をおこなったかによって生じるものらしい。とすると、「教育の機会均等」は、はじめは全員同じラインでスタートさせ、最後に、その「能力に応じて」身分をふり分けていくシステムだとも考えられるわけである。

史学・三年　U・Sさん

Ｕ・Ｓさんがいうように、機会均等とは、不平等になる機会が平等に与えられる、ということで、それによって現実の格差と不平等を維持もしくは拡大していくための手だてでもありうるのだ。実際には「機会」はけっして均等に与えられているわけではない。「全員がおなじスタートラインにたって」公平に競争に参加しているわけではないのである。

その点を指摘したコメントも多かった。

現実に富の差がある以上、教育の機会均等という理念があったとしても、不平等はなくなることはないと思います。どの程度まで教育が受けられるかは親の収入（財産）によって決まってくるでしょうし、下層から上へ昇っていくには、上層にそれを受け入れるだけの余地がなければなりません。自分の地位が脅かされると思えば、自然、戸口は狭くなるでしょう。貧しいのは自分のせい、「しようがない」と、上に対するあきらめを促すためのように思われます。

法律・四年　Ｎ・Ｓさん

一見、「能力に応じた」公平な競争とみえるもののなかにも、実際には階級的な格差が反映せざるをえない。環境的な諸条件のいかんによって、能力の発達の度合いは多少ともちがってこざるをえないからだ。要求される能力それじたいの内容が、文化的な偏差をふくんでおり、ある階級・ある民族の者にとっていちじるしく有利に、そして他の者にとってきわめて不利なものであることも多い。

機会均等のイデオロギーは、強制された不平等をうむ

紙幅がなくなってしまったので、参考までにエヴァレット・ライマーの文章を掲げておこう。名著『学校は死んでいる』の一節である。

現代社会のイデオロギーによると、だれもが自分の向上心のおもむくまま、能力が許す限り、何事をも達成する均等の機会が与えられているという。このイデオロギーによれば、学校教育のあらゆる段階、あらゆる部門はだれにでも開かれていて、学問をしようとする者にとって、制約は自分の向学心と頭脳だけだという。あらゆる職業、社会的地位は、充分な意欲と、自分の意志を貫く能力のある者すべてに対して開かれているともいう。学校が就職や社会的地位獲得への主要な道であるという認識はますます強まり、したがって学校教育の開放性は、学業の面ばかりでなく社会的な意味でも、向上の機会を保証するものとして強調されている。これこそ機会均等のイデオロギーである。人の進歩向上は専《もっぱ》らその人の個人的資質に掛かっているという神話だ。

現実はどうかというと、あらゆる進歩は他人の犠牲においておこなわれる。学校、職業のハ

シゴ、社会の階級構造は、すべてピラミッド型のヒエラルキーだ。学校では上の段階に行くほど人数が少なくなる。（中略）頂点にたどり着くには、各段階の競争に勝ち抜いて行かなければならない。産業界でも図式は変らない。スタンダード石油会社の社長一人の背後には、競争に落伍した一万人の平社員がいるのだ。

実業学校の生徒数千、あるいは数万名のうち一人くらいは、やがて建設会社の社長になるかも知れないが、それは例外中の例外だ。事実、ある一人がハシゴを一段昇ることは、ほかの一人が一段下がることだ。だれか一人が頂上をきわめるのは、数千、数万人を踏み台にして初めて可能なことなのだ。機会均等のイデオロギーに対応する現実は強制された不平等であり、底辺近くにとどまる確率は、頂点に達する確率より、遥かに遥かに高いのである。

（松居弘道＝訳、晶文社から。一部筆者訳。原書一九七一年）

さて、このようにして子どもたちが学校に行き、「勉強の時代」が開幕するのだが、そこでの「勉強」は、いったい、どんな性格をおびることになるだろうか？　いろいろなことが考えられるだろうが、K・Mさんのコメントは、以下のように指摘している。

「高学歴であれば身分も高くなると思い込んで一生懸命勉強するのであれば、勉強はたんなる競争でしかなくなる」

3 さりとてネガティブなものをネガティブなものとして語るだけでは

「学力」エリートたちの低学力ぶり

前節までの学校についての議論は、かなりネガティブなものであった。

近代学校というものは、子どもを選別して、差別的な労働市場に送りこんでいく装置であって、それが育成しようとしている「学力」なるものも、つまりはふるい分けの道具にすぎず、生徒一人ひとりの「発達」や「可能性の開発」は、すくなくとも第一義的な機能とはみなされていないのだ。学力は、結局のところ、テストのための学力にすぎないものになる。テストでよい点をとれば、それでよい、ということだ。第一義的に重要なのは、学力の内実などではなく、選別という機能なのだ。

タテマエとして、それを公言する人はすくない。しかし、学校の現実は、まさにそういうものとして、存在している。裸の王様に、ナイーブに幻想の衣を着せてはいけないだろう。

学力とは、学ぶ力ではないのか、というご意見を、このまえの質疑の時間にいただいていた。学ぶ力。——一人ひとりの個人の人生において、もっとも必要とされるのは、この学ぶ力、ひらたくいってしまえば「賢さ」だろう。だが、世にいう「学力」と、学ぶ力とは、どうも折りあいがよくないようだ。「学力」と「賢さ」、このふたつは、ほとんど無関係なもの、しばしば対立さえもするものとして語られているのではないか?

「学力」という概念は、結局のところ、ペーパーテストによって測定されるある種の能力、ようするにテストへの回答能力なのであって、それ以上の意味をそこにこめないほうがよいのではないか、と、私自身は考えている。学力というものは、しょせん選別のための道具なのであって、それ以上の意味はない。そう考えたほうが、「学力」の実態がよくみえてくるように思うのだ。

選抜体制下の「学力」競争のなかで、「学ぶ力」はほとんど無惨なまでに衰退している。きびしい受験戦争をくぐりぬけてきたはずの大学生たちの、驚くべき「低学力」ぶりに悩まされている大学教師たちの嘆きや危機意識としてそれは表明されているのだが、そういっている人たちの多くは、いわゆる「一流大学」の教官たちである。

学力競争の勝者たちのこの「低学力」は、正確にいえば「学ぶ力」の低下ということなのだろう。「学力」ということばは、多くの場合、貧しい教育と皮相な学習を正当化する護符として口にされてきたから、「学力」を呼号する学校教育の結果が「低学力」に終わるのは当然のことで、だから「低学力」などということばで問題を立てないほうがよいのだが、こんなにも学生のアタマの質が低下したらもう大学教育はなりたたないという指摘はたしかにそのとおりで、私もまた、その実感を共有していないわけではない。大学生を相手どっていると、ほんとうに、途方に暮れることが多いのだ。

数式の操作には慣れているが、その意味を考えようとしない学生。文法や文学史の知識は頭に詰めこんでいるが、かんじんの作品そのものを読みこんでいく読書力もなく、まともな本など手にとったこともない大学生。歴史や地理の知識は事項名として暗記していても、自分がいま生きている社会にたいしてはいっこうに無頓着な学生たち。知識と経験がまったくつながらない、そういう若者たちを大量生産しているのが、いまの学校、いまの「勉強」なのではないだろうか?「学力」や「勉強」が、まったくといってよいほど、思考の糧になっていないのである。学校教育は、思考力を奪うためにおこなわれているのではないか、とさえも疑いたくなってくるのだ。

「教えた」からといって、生徒が「学ぶ」とはかぎらない

しかし、ネガティブなものを、ネガティブなものとして語るだけでは、それもまた、怠惰な思考といわざるをえないだろう。ネガティブな制度のなかから、なにほどか、その制度を超えるポ

ジティブな実践をうみだすのが、私たちの課題であるはずである。

学校の場合、最大のカギを握っているのは、なんといっても教師たちだろう。それぞれの学校の、それぞれの教室の、現実の多様性を、私たちは経験をとおして知っている。教師の実践のいかんによって、学校の現実はずいぶん大きく変わっていくのだ。

制度がどうあれ、その最先端の現場で教師たちは、生身の子どもたちと出会い、その子どもたちとのかかわりのなかで、自分のしごとの意味を問いかけていかざるをえない。それが学校と教育実践を変えていく決定的な契機となる。しごとの意味を問いかける、ということは、つきつめていえば、「教育」という行為そのものの問いなおしをふくんだものとなるだろう。

教育は、つねに教育をおこなう者のために、おこなわれてきた。教育する主体がいて、教育される客体がいて、前者の必要と企図にもとづいて、後者は「教育」されてきたわけである。これは一種の支配の関係である。

日々の授業のなかでも、その関係は変わらない。教師は文字どおり、教える人だ。子ども、とくに小さな子どもを相手どっておこなわれる小学校教育の場面では、教師はしばしば「子どもたちの王様」になりがちだ。こういう子どもであってほしい、ああいう子どもであってほしいと、教師は願望する。あの知識、この技能を、覚えさせたいと願う。そして自分の思うとおりの行動を、子どもたちに期待する。

実際には教師の思いどおりにはならない「他者」として子どもは生きているのだが、教師が「絶対君主」として子どもに臨んでいるかぎり、この子どもの「他者性」は教師の目には映らない。教育関係のなかに底深くふくまれている諸矛盾は、彼や彼女の意識にはのぼらない。支配は成功し、教師の思いどおりの「成果」がえられることも、すくなくないだろう。しかし、力づくで引きだした子どもたちの「服従」は、その力がおよばなくなった瞬間に、音をたててくずれさるだろう。

実際、教える、ということには、ある根本的な矛盾がふくまれている。「教えた」からといって、「生徒」が学ぶとはかぎらないのである。生徒が学ばなければ、教えは教えとして成就しない。教師がどんなに教えたような「つもり」でいても、その教えは、実際にはたんなる空虚な儀式、教師の独りよがりな自己満足以上のものではないだろう。そして――教師にとってすこぶる歯がゆいことに――「学ぶ」のは、つまり教えが教えとして成立するか否かのカギを握っているのは、学ぶ主体としての生徒たちなのである。生身の子どもと出会うということは、そういう他者としての子どもと出会う、ということを意味している。

そうした「他者としての子ども」との出会いをとおして、教師たちは、学校という制度のなかのみずからの教育実践を変えていった。広い意味での新教育実践の多くは、教師の「教え」中心の教育を、子どもの「学び」を中心にしたものに変える、という仕方で展開されている。「学ぶ」行為が、真に子ども自身の行為としてあるためには、「学び」はどういう動機と質をもたなければならないのか、どのような関係性のもとでいとなまれなければならないのか。そこでの教師の役割は、なんなのか。いまだ少数派であるとはいえ、世界の先進的な教師たちは、そうした実践的な模索をとおして、学校という場のあたらしい可能性をきり開いてきたといってよいだろう。その遺産の創造的な継承が求められている。

生きた状況のなかの学び

それと関連して、もうひとつ重要なのは、生きた状況のなかの学び、ということである。子どもは——そして一般に人は——なぜ、学ぶのだろうか。漠然とした興味や関心から、というよりも、状況がなげかける課題に応えるために私たちが学ぶときに、その学びはより切実なものとなり、自分のなかにより深く浸透するものとなるのではないだろうか。生きることと学ぶことの一体化、といってもよい。ほんとうの学びは、状況のなかでの学びなのだ。

学校という空間はずいぶんと不自然な空間で、子どもたちは、地域や家庭の生活からきり離され、教室の壁の内部で、教科書の内容を、ただ抽象的な知識として学ぶことになりがちだ。だから初期の生活教育の実践家たちは、子どもたちの生活経験から出発して、たえずそこにたちかえるかたちで、子どもの学びを組織した。それを継承し、子どもの既有の経験を土台にしてそこから学びを組み立てることは重要だが、しかし、子どもたちの生活経験もまた極度に貧困化し狭隘《きょうあい》化している今日の日本では、学校は、子どもの経験の地平じたいを広げていくという、かつてはちがった役割をも担わざるをえなくなっているといえるだろう。

知識をたんに知識として教えるのではなく、行動と結びついたかたちで、知識が真に必要とされる状況のなかに身をおくことが重要なのであって、そうした状況を設定することが、学校なり教師なりのひじょうに大きなしごとになっていくわけである。地域との協力が不可欠な条件となることはいうまでもない。

反面からみると、学校という空間には、ほかの空間にはない大きな可能性が潜在している。子どもたちが集まって、ひとつのことがらを、協働的に、持続的に、かつ知的に追究できる場として、学校以外に現在、どのような場がありうるだろうか。学校のもつこのメリットをどう活かしていけるかを、私たちはポジティブに追究していかなければならないだろう。

次節では学校の教科の授業に焦点をおいて、あたらしい試みのいくつかを紹介しながら、学校でこそ、できることとはなんなのかという、当初の問いにたちかえることにしたい。

＊――本節と次節は、新潟市社会教育課主催「成人大学」二〇〇四年十月の講演資料として用意したものである。

4 既有の認識の枠組みがぐらり、とゆらぐ授業をめぐって

視座を移す、ということ

道の辺の木槿《むくげ》は馬に喰われけり　　芭蕉

この俳句を教材にするとして、どんな授業が構成できるのか、よい糸口が思いあたらぬままに、授業化を避けつづけてきたと、群馬県の島小学校の教師であった故・武田常夫氏はのべている。あるとき、ひとつの発問がアタマに浮かんだ。「作者はどこから、それを見ていたのか」。この問いを発したときに――路傍の通行人の目でもなく、どっかりと縁台に座りこんだ茶屋の客が目にした出来事でもなく、動く馬の背の旅人に視座をおいて道の木槿をイメージしたときに――なんの変哲もない些事《さじ》の報告のようにもみえたこの句が、にわかにドラマ性をおびたものになった。

街道の、細くて暗い道がつづいている。先方に小さく見えていた木槿の花が、馬の歩みにつれて迫ってきて、花の影が大きくクローズアップされたその瞬間に、花は馬に食われて、唐突に消えてしまう。思いがけない瞬時の出来事への驚き。読みの深化とともに、詩はその顔だちを変えていく。ひとつの詩のこの変貌を体験する場として、武田氏は授業をくんだ。

これは国語の授業だが、ほかの教科にも通ずることだろう。授業の過程でひとつの句がその顔だちを変えていくように、接し方のいかんによっては平板な暗記事項と受けとられてしまいかねない理科や社会科の事実的知識が、授業のなかで立体化されて、重要な意味や問いかけをはらんだドラマに変わっていく。

視点を馬上に転移することで、ひとつの句のみえ方がまったくちがってくるように、視座を自国から移して、たとえば朝鮮民族の視点から、元寇なり、文禄・慶長の役なりをみることで、日本史のみえ方は大きくちがってくるはずである。同じ花でも、花を虫の目で見、花の目で虫を見るときに、花の意味は人間が見るときのそれとはことなってくる。視座の移動といっても、人間が昆虫だの植物だのになりかわれるわけではないが、だが想像力と意味づけのはたらきをとおして、私たちの関心は対象のなかに潜入し、顕花植物、虫、鳥のそれぞれの生態とその共進化を、より立体的に、より開かれた視野のなかでとらえることができるのだ。

どのような仕方で知るか、ということ

学習内容を立体化し、興味深いものにする方法は、視点・観点の移動以外にも、さまざまなものが考えられるだろう。文脈化、関連づけも、そのひとつだ。

中学生や高校生は、社会科や地歴で、かならずアメリカ中西部の大規模農業について学ぶ。コーンベルトや小麦栽培の分布を知るだけならば、それは自分にはあまりかかわりのない記憶事項にとどまるだろう。中西部農業が成立するための前提条件（たとえばネイティブ・アメリカンの居留地への追いこみや鉄道会社と農民との関係）、大規模化・機械化がもたらした諸結果（農業経営の集中・集積化、世界市場への農産物輸出とグローバリゼーション下の——たとえば現代インド農業の——深刻な荒廃、進行する地下水脈の上昇と土壌侵蝕など）を考えながら、おなじ事実を学ぶならば、アメリカの農業は「問題」化され、ひとつの地域の農業への洞察は、他の地域の学習にさいしても活用されることになるだろう。

それは、たんに「くわしく」すればよい、ということとはちがう。知識の量の多少が問題なのではない。ある知識を、意味ある知識として、どう立ちあげるか、という問題であり、その立ちあげ方によって——学習者の側からいえば、その知識をどのような仕方で知ったかによって——知識の質は大きく変わっていく、ということだ。

高校数学教師の仲本正夫氏は、「微分の威力の大きさを知るために」折り紙で箱をつくる、という体験学習をおこなっている。イラスト入り作業票の表題は、「この箱で、ちょうど一杯分の砂金をもらえるとしたら、あなたはどのような箱をつくりますか？」。

一枚目の紙をくばられた生徒たちは、思いおもいに、もっとも容積が大きくなりそうな箱をつくる。二枚目の折り紙は微分の導関数を応用して、最大容積の箱の高さをわりだしてつくり、それをまえの箱と比較する。

ただ機械的に計算の方法をあてはめる微分の授業をしながら、でも、「これじゃ生徒もつまらんだろうな」と思うようになったのが、「ものづくり」の授業にとりくんだきっかけだったと、仲本氏は回想している。爾後《じご》、微分を応用した小説づくり、コマ作製など、一連の実践が案出されていくのであるが、この間、仲本氏がもっとも重要視していることは、「物ごとを関連のなかでとらえる」ことだ。一つひとつの知識がばらばらなものとして提供されると、生徒はそのことの意味を感じとることができなくなってしまうのだ。

子どもたちは小学校で、九九を習う。「だが九九ができるということと、かけ算の意味がわかるということは、全然ちがうこと」だ。通常、2×3はたんに足し算の延長として、つまり2＋2＋2として理解されている。これではかけ算の固有の意義はみえてこない。そういう生徒たちに、仲本先生は意地悪な質問をなげかける。ならば、2×1は、2×0は、2×$\frac{1}{2}$は？　と。

［一当たり量］×［いくつ分］＝［全体量］

というとらえ方をすると、生徒の頭のなかで、かけ算やわり算と、関数・微積分は、一本につながっていく。一時間あたりの速度と時間をかけて、距離という新しい量を導きだすかけ算の固有な威力を、高校生たちはそこではじめて知ることになるのである。（仲本正夫『学力への挑戦』、労働旬報社、一九七九年）

学習の過程のいたるところに、こうしたドラマが伏在している。このドラマをどう呼びおこしていくかが、私たちに問われているのである。

異化作用をともなう学び

学習には、ふたつのタイプがあると思われる。情報蓄積型の学習と問題提起型の学習である。同化型の学習と異化型の学習といいかえてもよい。

同化型の学習とは、情報やスキルを自分のなかにとりこんで、そのレパトリーを「蓄積」していく、というスタイルの学習である。外的な情報を吸収しても、自分の「考え方」、認識のコードじたいはあまり変容しないという意味で、それは「同化型」なのだ。石は池に沈んでいくが、波紋はおこらない。認識の構造をゆりうごかすことなく、知識だけがふえていく、あるいは、操作の習熟度だけが高まっていく、という学習のありかたである。

知識を一種のモノとみなして、ヒト（人格・主観）と、そのヒトによって「所有」される知識・

スキル（モノ）とを二元化して考えようとする傾向が、コンドルセ以来、近代教育思想には根づよく流れているが、そうした二元的思考は、情報蓄積型の学習観ときわめて親和的であるといえよう。知識はモノとして「所有」され、記憶のなかに累加されるが、「客観的な」知識と自分の主観とはしばしば没交渉で、両者がそれぞれにニッチをつくって「すみわけ」をすることになりやすい。自分の考えや感じ方は棚上げにして、とにかく教えられたことを受動的に覚える、というかたちでおこなわれる「学習」は、「知る」こと（知識を得ること）と「考える」こと（考えをつくること・つくりかえること）を分断し、知識の習得をある種の預金行為におとしめてきた。

貯金箱に貯金をするように、生徒のアタマのなかにできあいの知識を機械的に注入する教育を、ブラジルの教育思想家パウロ・フレイレは、「預金型教育」とよんでいる。ためたお金が活用されるかどうかは、教育者の問うところではない。預金型教育の効用は、なによりも、人間を世界にたいして、そして教師の権威にたいして受動的にすることにあるのだ。

これにたいし、ある認識対象と出会うことによって、学習者の既有の認識の枠組みがゆるがされ、それをなんらかの仕方で再編成することをうながされるとき、その学習を「異化」的な学習とよぶことができるだろう。

異化的な学習がおこなわれている現場では、学習者たちは「自分の考え」が再考を迫られ、つきくずされていくことの不安や苦痛を訴えることが多い。反面、そのことを「快い」と感ずる者も多い。表現は対極的だが、経験としては表裏一体のものと考えてよいだろう。

紙や薪《まき》をモデルにして「ものの重量は燃えれば軽くなる」と考えていた生徒が、スティール・ウールの燃焼実験や気体の重量測定をとおして、「燃えれば（酸化すれば）ものは逆に重くなる」と考えるにいたったとすれば、そうした一連の経験は異化的である。それは学習者を新しい「科学」の地平に誘うものとなるだろう（上廻《かみさこ》昭実践）。一円玉を百五十倍の顕微鏡でのぞいて見た女子高生は、「びっくりしたの一言だ。だってまっすぐなんだもん。うそみたい！」と叫ぶ。細分化すれば曲線が直線になることを発見した生徒たちは、そのことを手がかりにして微分の世界に入っていくのだ（仲本正夫実践）。

それぞれの地域で人びとがどのような仕方で自然とかかわりながら独自な文化をつくってきたかを社会科で学んだ者は、もはや、一本線の「先進—後進」のモノサシで世界を序列化することはできなくなってくる。できあいのモノサシで世界を見てきた自分が、異化されるのだ。

教師の専門性——異化と挑発と対話のための

「学習」にはさまざまな形態がありうるであろうが、「教育」実践の固有の課題は、こうした異化的で、問題提起的な学習を実現することにあるのではないだろうか。

自然発生的な発達や成長とはことなって、「教育」は、基本的には学習者にたいする外からのはたらきかけであって、学習者によって学習される知識内容は、教育者によってあらかじめ用意されたものであらざるをえない。そこでの学習内容は、じつは「教育」内容であって、学習者にたいして「もちこまれる」ものだ。だからこそ、それは「情報蓄積型」「預金型」のおしつけに陥りやすい、という一面をもつのだが、しかし外部からもちこまれるからこそ、異化や挑発が可能となる、という一面を見落としてはならない。学習者の経験知のなかから、おのずと科学的な諸概念が生成するわけではない。外なる知、仕組まれた素材や状況との出会いをとおして、学習者はある飛躍をうながされるのである。

教育と学習、「教える」ことと「学ぶ」ことのあいだには、複雑で困難な問題がよこたわっている。

今日の教育改革の焦眉《しょうび》の課題は、「教え」を中心にしてかたちづくられてきた学校教育を、生徒の「学び」を中心としたものにくみかえる、ということだろう。学ぶ主体の意欲や関与なしには、いかなる「教え」も実を結びえないという、学ぶ側にたって考えればあたりまえなことが、「教える」側の目にはしばしば見えてこないのだ。ルソーやデューイが主張したのは、まさにそのことであった。

それはしかし、「教える」ことの役割を否定するものではない。いまの自分から、もう一歩ふみだして、あたらしい自分の世界を拓《ひら》いていくためには、他者からのはたらきかけが必要なのである。この他者（教師）からのはたらきかけは、はたらきかけられる側（生徒）が行為の主体となって動きはじめることによって——客語として語られていた者が主語としてみずからの物語を紡ぐことによって——はじめて成就するような性質の「はたらきかけ」なのである。「教え」は、「教え」としておこなわれるのではなく、対話へと、学習者の側の探究や発見へと変換されなければならないのだ。これは「教え」の高度化であって、「教え」の否定と同一視されてはならない。

問題提起型の学習を実現しようとする教師たちは、ある知識内容を直接的に生徒になげかけるよりも、学習者の関心や探究行動を誘発する教材や状況を設定することによって、かれらに挑むことになるだろう。行動は、かならずしも言語的なものばかりではない。それはしばしば、暗黙知の次元をもふくんだ身体的で感覚的な活動となるだろう。結果として習得される知識内容そのものにもまして、それと出会う体験のなかに——学習者がみずから学ぶプロセスのなかに——重要なものがあるのだ。

それゆえに、教師はふたつのレベルで高度な専門性を求められている、といわなければならないだろう。

ひとつは、何に挑み、何をもちこむのか、という教育内容の選択のレベルでの専門性。これは具体的な生徒とのかかわりにおいて選択・決定されるべきものであって、千篇一律《せんぺんいちりつ》の目標として与えられるものではありえない。

いまひとつは、そのための教材づくりと、状況設定のレベルでの専門性。かりに理科で重力を教えるとして、そのとき教師は、どんな事象をとりあげ、どんな実験をおこなったらよいのか。歴史で「鎌倉時代の武士」をあつかうとして、そのことを身近にひきよせて考えることのできる素材はなんなのか。どんな活動をくんだらよいのか。そんなことをたえず考えながら、教師は日常のしごとをすすめている。それらの素材や活動は、地域のちがい、学習者の既有の知識・経験、その心身のありようによって、それぞれにちがってくるだろう。教師の専門性をささえるもっとも基本的な土台が、学習者との対話能力であることはいうまでもない。

だれも、最初からそうした専門的力量を具備しているわけではない。預金型教育を脱皮し、問題提起型教育を追究する日々の実践のなかで、そのための力量はかたちづくられるものだろう。実践の自由のないところでは、教師の専門性は育たない。自由な教育実践の土壌をまずは職場のなかに培うことが、子どもの学びを活性化していくもっとも基礎的な条件だろう。

学校の可能性——個が学ぶ、他者と学ぶ、共同で学ぶ

学校教育はむかしから一斉教授の方式をとっているから、教師は、それをとりたてて奇異なことは感じていない。しかし、個々の患者のケアをしごととする医療関係者からみると、教師のしごとには、なにかと腑に落ちないところが多いようだ。「どうして先生がたは、あんなに子どもたちを十把一絡《じっぱひとから》げにあつかえるのか」と、医師や看護師たちに責められることもすくなくない。

しかし、多くの教師たちもまた、「子どもを十把一絡げ」にあつかうことは不可能であることを知っている。一斉教授を旨とする教科学習の面で、その困難はもっとも尖鋭に現れてくる。

学ぶ、ということは、私が、彼が、彼女が学ぶ、ということであって、その一人ひとりのなかで何がおこっているかが、もっとも重要なことであるはずだ。集団レベルでの授業の展開と、個人レベルでの学習の成否が、かならずしも自動的に一致するものではない、という思いを抱いた教師たちは、近代学校のこの限界を超えるべく、さまざまなかたちで学習の個別化の試みにとりくんできた。個のレベルに照準をおいた学習形態の模索は、いまもつづいている。

だが、個のレベルでの学びを大胆に追究した教育実践家たちの多くは、学習の個別化と学びの共同性の追究を、二律背反のこととは考えていない。一方の深化は他方の深化をうながすのだ。

個人学習が手薄だと、集団学習（授業）もまた深まらないということを、教師たちは感じてきた。個人学習のひとつの形態として、日本の国語教師は、テクストへの「書きこみ」を重要視してきた。作品のなかの一つひとつの文や文節に、読み手の内言、あるいは登場人物の「つぶやき」という形式で、各自の解釈を書きこんでいくのである。滋賀県の小学校教師、若林達也氏は、それを「ひとり読み」と名づけている。それぞれの子どもが「ひとつの読みをもって授業に臨み」「全体学習のなかでその読みが修正されたり、深められたり、発展させられたりしていくとよい」と、若林氏はのべる（若林達也『子どもの読みを開く授業』、国土社、一九八九年）。

若林学級では、「ひとり読み」以外にも、多様な「ひとり勉強」がおこなわれている。たとえば、「書いてある事柄も読めない子がいればまずそれが読めるようにしていく。発言のできにくい子は当初ノートの書き込みをそのまま読ませ、次第にノートを離れて『話す』こともできるようにしていく。思いつきをパッパッと話していた子には、叙述で確かめるように指導していく」。「ひとり勉強」「ひとり読み」は基本的には全体学習と結合するかたちですすめられていくのであるが、とはいえ個人学習は、それにとどまっても十分に意味のあるものだと、若林氏はいう。「一斉授業の話し合いで、発言は活発な他の子にまかせて、頭のなかをそう働かせないままに四十五分を過ごす子は少なくとも『書く』という作業によっていやおうなしに『考える』ことを強いられるわけである。そして、教師のほうはその一人ひとりの現実と向き合うことをさけて通れなくなる」。

若林氏のこうした個人学習の実践は、日本の教師たちの生活綴り方教育の経験を、いわば発展的に継承したものといってよいのではないだろうか。若林実践の場合、「書く」というもっとも「個人」的な思考のいとなみを、学級の仲間への語りかけとして共同性にリンクしていく、という仕方で、その遺産が活用されているのである。

「ひとり読み」をもちよることで学級の話しあいが深まり、その話しあいの深まりが個人の読みを拓いていくダイナミックスを、若林氏の上記の実践記録はいきいきと描きだしている。それは学校での学びの固有の可能性とは何かを、私たちにしめすものだ。

若林氏が指摘しているように、「こう読んでもらいたい」という自分の思いが先行すると、教師は、目のまえの子どもが「どんな読みをしているか」を十分に聞きとることができなくなってしまう。子どもが思いがけない、キラリと光る読みをしていても、それをキャッチできずに、議論を深めるだいじな手がかりを見逃してしまうことも多いのだ。教師が、そして子ども相互が、一人ひとりの発言にどれだけの関心をもちつづけることができるかによって、テキストの読みは大きくちがってくるのである。一人ひとりの読みをだしあい、「他人の読み」をバネにして、自分の新しい読みをつくりだしていくインタラクション。それが「教室での読書」の、他に代えがたい重要な特質だ。

若林学級の子どもたちはいう。

私は五年になって、よく人の意見を聞くようになった。四年生まではひとの話しているのを聞いてはいても、本当には考えていず、人の話は素通りする感じで自分は自分で勝手に考えていた。――略――それで、本当にみんなと勉強しているという実感が出てきた。人の意見をつかってもっといい意見を出せるように、すこしずつなっていった。――略――それから、何だか友だちがふえてきたというか、組のみんなが「私が居る」ということを考えていてくれるような気がします。（藤森浩子）

私は前までは、人の意見を聞いているばかりで、何をしているのか分からなかった。自分の意見を言えるようになったのは、ふたりで考えたり、グループで考えたりしたからだと思う。「じっとのぞいていました」のところも、ひろちゃんとしていると「私は〇〇やと思うで」

「私は××やと思うで」と、ひろちゃんと意見のちがうこともあって、またそのうちに新しい考えが生まれました。前は自分の意見が間違っとるわ、とおもって言わなかったけどふたりで考えたりすると安心します。それに、文のつなぎめがどんどんわかってきておもしろくなってきました。「青い顔」なども分からなかったけど、前の文を読むとちゃんと分かってきました。そして、友達の考えつかなかったことも出てきて、そのときの文で、嬉しさ、悲しさ、どっちの読みでもおもしろくなるので、自分に自信をもってきました。（村方令子）

知識預金型の個別学習、そのさきにあるもの

今日、学力向上の名においてもくろまれている個別学習は、学習の個別化とはいっても、上記のような個人学習といささかも通じあうものではない。

近代学校は、預金型教育をより安上がりに、より能率的に推進するために、画一的な一斉教授方式を採用したが、「集団」的な規律下で遂行される生徒の学習は、じつは本質的に孤独で競争的な個人の行為であった。学びが「学びの共同性」を没却した純粋に個人的・利己的ないとなみになるとき、その学習はかえって個人を疎外し、かれの人格をかれの行為（学習）から疎隔する。学習はドリル化し、個人は原子化される。学ぶ主体としての、統合された人格をもつ個人は生成しない。人間は、社会的な相互作用を通じて、協働と社会的存在確認を通じて、みずからを個性

化するのである。

実際、クラスをもった教師たちがまず最初にとりくむのは、学級づくりであり、あたたかで協力的な子どもの関係性をつくりだすことだ。勉強そのものよりも、この子どもの関係づくりに教師は自分をかけているといっても過言ではないだろう。それがなければ「勉強」も進捗《しんちょく》しないことを熟知しているからである。

さきのふたりの子どもの文章を、もういちど読みかえしてみよう。

「人の意見をつかってもっといい意見が出せるように、すこしずつなっていった」と、藤森浩子さんは書いている。以前は「人の話は素通りする感じ」で「自分は自分で勝手に考えていた」のだが、「よく人の意見を聞く」ようになって、自分の考えがもうひとつ広がっていった、と感じているのである。それとともに「友だちがふえてきた」ともいっている。友だちとの関係の変化に影響されて、「もっといい意見が出せるようになった」ということでもあるのだろう。

村方令子さんの場合も同様である。自分の意見をいえるようになり、友だちと話しあって、ちがった意見をだしあえるようになって、「文のつなぎめ」がつかめるようになり、わからなかったところがわかってきたと、令子さんはのべている。個と個、あるいは個と集団との響きあい、せめぎあいのなかで、個の力が引きだされてくる、と、若林氏は付言している。浩子さんや令子さんは、「人の意見をつかう」ことによって、自分ひとりだけでは到達することのできないリテラシーの地平に歩みをすすめている、といってよいだろう。

「まだできないこと」が「できること」に変わっていく道すじには、「おのずとできるようになっていく」道すじもあるし、他者との相互作用によって、いわば人為的に発達がうながされていく場合もあるが、とりわけ科学的な概念の習得や、読み書き能力（リテラシー）の発達は、しばしば後者の代表例としてあげられているものである（たとえばヴィゴッツキー『思考と言語』）。

学校という場がもつ意義は、ひとつには、この他者との相互作用にあると思われる。教師という他者、友だちという他者と出会って、自分のアタマだけでなく「他人のアタマで考える」ことを学ぶことによって、子どもは閉じた自分だけの思考を相対化し、また無自覚に刷りこまれたできあいの観念を自覚的に異化することができるようになるのだ。世界を拓き、広げながら、その世界とむきあう主体として、「自分」を創造していくのだ。

たんなる情報蓄積型の学習ならば、共同性は、おそらく無用であろう。昨今、学力向上の名目で、いわゆる「学習の個別化」、そのじつは「学習の一律化」が推奨されるのは、その学習観が徹底的に情報蓄積型であり、同化・吸収型であり、預金型であるからだ。こうした学習像の行きつくところ、それは、電子メディアによる「学習の個別化」の徹底、その「能率」化、すなわち学校の解体であると思われる。そうした「ポスト学校」社会へのシフトは、教育産業だけでなく、今日の学校の内部で、すでにはじまっているといってよいだろう。

だからこそいま、学校で何が可能かを、われわれは深刻に問わなければならないのだ。

「あしたの授業」を考える──①

「燃焼」と「呼吸」をつなぐもの──ある日の参観授業から

一昨日はありがとうございました。

下反《しもぞり》先生・諏訪《すわ》先生のTTでの理科実験の授業、理科の授業を参観する機会はあまりないので、私にとっては新鮮で、たくさんのことを学ばせていただきました。いっしょにおじゃました学生諸君も、おおいに刺激されたようです。

いちばん印象が深かったのは、グループ単位ではなく個人単位で実験をおこなう、という授業のコンセプトで、準備の過程を見ておられた同僚の先生があとの話しあいでおっしゃっていたように、三十五人分の実験器具を用意するのは、ほんとうに並大抵のことではなかっただろうと思います。それぞれの子どもが自分で過酸化水素水から酸素を発生させ、これはと思う素材をそのなかで燃やすわけですから、子どもたちは「自分の作業」としてずいぶん集中して実験にとりくんでいたようです。

個別に実験をおこなうということは、「学習の個別化」というか、学習を「一人ひとり」の子どものものにする、という企図をこめたものなのでしょうが、自分たちが学校でやってきた実験はいつもグループ作業だったので、こういう実験はたいへん新鮮だったと、見学した学生たちもいっていました。集団学習と個別学習は、しばしば二者択一のかたちで語られてしまうのですが、このふたつはセットになっているのだと思います。つまり、どちらがよいかという問題ではないようです。

学校教育のなかでの「一斉授業」は、工場生産をモデルにした「安上がり」で能率主義的な学習システムですから、「一人ひとり」に重点をおいた学習のありかたとは根本的に対立するのですが、しかし、それが集団学習の唯一のありかたではないはずです。個人の学びがもちよられることによって集団の思考が深まったり、集団のなかでのやりとりをとおして個人の学びが深まっていったりするためには、そのための「場」が必要になります。学校や教室という空間は、そうした可能性をふくんだ空間なのだと思います。

私たちが「一人ひとり」の学習を重要視するのは、集団の学びと個人の学びのダイナミックな関係をつくりだすためであって、学習を個人の「自己努力」に還元することによってそれを「能率」化するためではありません（その点では、家庭教師や塾での個別指導と根本的に原理がことなる）。

実験を個人単位でおこなうと、たしかに自分の作業に夢中になって、ほかの人が何をしているのか、目に入らなくなっていくことも多いようなのですが、こういう自分への「ひきこもり」の過程が、じつは共同学習にとってひじょうに重要なのだと思います（「ひきこもり」なしには、深い集中はうまれない）。同時に、一昨日の実験では、たとえばひとりの子どもがスティール・ウールを燃やしはじめると、ほかの子どもが肩を寄せあってそれに見入るという場面もあって、そうした他者のしごとへの関心は、「自分の作業」をしているからこそ生じたものなのでしょう。

学習の個別化と共同学習をどうリンクして、相互に深めあっていったらよいのか、これからの学校の大きな課題だと思います。

「実験」を、もっと子どもの生活感覚に近づけてみては

大学のぼくのゼミでは、このところ、デューイの『学校と社会』を読んでいます。それで一昨日も理科室に入ったとき、とっさに『学校と社会』の一節を思いおこしてしまいました。

作業が学校生活の各部分を結合する中心とされるばあいにあらわれてくる差異を、

言葉のうえで述べることは容易ではない。それは動機における差異であり、精神と雰囲気の差異である。もしひとが子どもたちの一グループが食事の支度に活発に立ちはたらいているいそがしい台所を訪れるならば、子どもたちの心理的差異、すなわち、多かれ少かれ受動的な、生気のない受容と拘束とはうって変って、子どもたちの精力がはずみづいてわきあがっているというあまりにもあきらかな変化に、まったく横面《よこっつら》にひとつ平手打ちをくったような思いがするであろう。実際、自分たちの学校というものの観念がかたく固定している人々にたいしては、この変化は衝撃をあたえるに相違ない。（宮原誠一＝訳、岩波文庫。原書一九〇〇年）

デューイが実験学校を設立したのは一八九六年で、『学校と社会』はここでの実践の中間報告として書かれています（もっとも原型は講演記録ですが）。

座学中心の伝統的な学校とはことなって、デューイの実験学校のカリキュラムは、learning by doing ということばで知られているように、ことごとく、子どもの作業や活動を軸にしてくまれています。遊びや「しごと」が、子どもたちの学習の主要な形態になっています。しかも、その学習内容たるや、アカデミックな水準としても、ひじょうに高度なものになっています。

台所仕事は、デューイ学校のカリキュラムのもっとも重要なレパトリーでした。ここで子どもたちは穀物の加工のことだとか、水や粉の計量だとか、さまざまなことがらを「学習」していくわけですが、「パンを焼く」「ケーキをつくる」という問題解決行動の手段として、あるいはその副産物として、そうしたことが学習されるのです。

先日の理科の実験室の雰囲気は、おそらく実験の個別化も功を奏して、デューイがいっている台所仕事の雰囲気に近いものになっています。こういう雰囲気は、生活科の調理実習などでも、しばしばみられるものなのではないでしょうか。

しかし、よくみると、やはりちがっています。子どもが活動している、という点ではおなじですが、これは、やはり「理科の実験」です。厳密な条件設定と手続きにもとづいておこなわれる科学の実験は、生活のなかでの問題解決行動、たとえば台所仕事とは、おなじであると同時に大きくことなってもいます。前者はより要素的・分析的で、抽象度の高いものですが、後者はより全体的・直観的で、生活に密着した現実的なものです。子どもの関心をひきつける強さという点では、例外もあるでしょうが、通常、前者は後者におよびません。実験が子どもにとって動機づけられた行動になるためには、多少のまわり道が必要になるのではないでしょうか。

「単元の流れ」を見ますと、1が燃焼にかんするアンケート、2が「ビーカーの中でロウソクを燃やしたときの観察と、どうして火が消えてしまったかを記述」とあり、本時の実験はそれをうけたものと思われます。

おそらくファラデーの『ロウソクの科学』があまりにも魅力的な本であったために、子どもむけの燃焼についての物語は、たいていはロウソクからはじまっています。六年生の理科の教科書も、そうなっているようです。ロウソクも、ロウソクの火も、ほんとうに魅力的な教材ですよね。前日の参観授業に刺激されて、昨日のゼミでは、ぼくもひとしきりロウソクの話をしてしまったのですが、ロウソクの炎の観察だけでも、じつにいろいろなことが見えてきます。しかし、ダイナミックな火の姿というものが、どうもロウソクからは見えてこないように思うのですが、いかがなものでしょうか。

ロウソクの観察、酸素のなかでの燃焼実験とつづくと、どうも実験室的というか、チマチマしすぎるように思うのです。生活のなかで機能している生きた火をあつかって、十分な動機づけをおこなってから実験に入ったほうが、実験がいきてくるのではないかと思うのです。そういう意味でいえば、ロウソクの火よりも、やはり台所仕事と直結した火おこしや「たき火」のほうが、燃焼を考える糸口としてはよいのではないかと、ぼくは感じました。

その段階では、「酸素」という概念は、まだ登場しなくてもよいと思います。火をつよめるためには、十分に空気を送ることが必要であることを、からだでつかんでくれることが重要でしょう。知識として「酸素」ということばを知っている子どもが、火おこしじょうずとはかぎりません。どうしたらうまく燃えるか、グループで競争しながら、燃料の配置の仕方、空気の送り方などを、じょうずなグループから学んでいけばよいのだと思います。これはすぐあとで酸素実験をする前提をつくるだけでなく、将来的に、歴史で土器づくり・製鉄・ふいごについて学ぶときの下地としても、役だつはずです。

炎がいるなら空気を送れ！

そういえば、フランスの小学校教師、セレスタン・フレネは、『マテュ語録』というコラム集のなかで、こんなことをいっていました。たとえ話なのですが、ちょっと面白いので引用します。コラムの題名は「空気を送れ」となっています。

> マテュは駅で私を待ちうけていた。かたわらに、彼のガス自動車（訳注——石油ガスを用いた自動車。一九二〇年代のフランスの農村でつかわれていた）が停めてあった。エンジンは切られていた。
>
> ——ちょっとだけ、待ってね！
>
> 彼は新聞紙をとりだし、ライターで点火すると、小さな開口部にそれを近づけた。
>
> ——ここに点火するのが、やっかいでね！

ようするに空気が問題なんだ。空気が十分なら、付け火はどんなに小さくてもかまわない。火種が何かは、あまり重要じゃないんだ。

炉でも、それはおなじだ。燃えやすい紙を用意しても、脂《あぶら》の多い薪《まき》をくべても、もし風を十分に送らなければ、火はすぐに消えてしまう。

年配の主婦に尋ねてみるがよい。彼女は教えてくれるはずだ。

——炉に空気を入れないと、いくら躍起《やっき》になってもダメなんですよ。煙に巻かれて、プウプウ息をきらしたってムダ。お鍋のなかのものはいつまでたったって煮えやしない。……まあ、煙突を掃除することね。それから炉床の金網の下もよく掃除しなさい。風の入り口はみんな開けておくこと。そうすれば、きっと——。

子どもの理解に供そうと、あなたがどんなに素晴らしい教材をもちこんでも、どんなに創意工夫をこらして小枝や石炭をくべても、鈍重な魂にゆさぶりをかけようと、どんなに悪戦苦闘しても、消えなんとする炎をもっと燃えたたせようとあなたが息をきらしても、それはあまり功を奏しない。

空気を送りたまえ！

（筆者訳）

生物を学ぶためには、どうしても酸素について知る必要がありますが、たんにことばとして知るだけならとにかく、具体的な実験をとおしてそれをつかむのは、ずいぶんむずかしいことなのだろうと思います。ファラデーの『ロウソクの科学』は、この課題に挑んだ「教育実践」でした。

十八世紀のすえの「酸素」発見以前は、フロギストン説が有力だったようです。ファラデーも、空気のなかに何か「燃えるもの」がふくまれている、という子どもたちの「直観」に挑んでいます。「空気を送って」ものを燃焼させる経験をたっぷりと積んで、そこから当然うまれてくるはずの、「空気のなかに何か燃素のようなものがあるのではないか」という子どもの「直観」を、いっぽうで肯定しながら、いっぽうで否定していくのが、酸素の助燃性をめぐる学習のクライマックスになるのでしょう。

そのためにも、生活課題と直結した、「理科」以前の粗けずりな火おこし経験を積んでおくことが、ひじょうに重要になると思うのです。生活概念をひっくり返すためには、経験に裏づけられた豊かな生活概念を子どもがすでに獲得していることが必要なのですが（上記の引用の「主婦」のように！）、その部分が現代の生活様式のなかではひじょうに弱くなってしまっています。生活概念を土台にし、それを覆すことで、科学的探究に固有な認識の飛躍がもたらされるのですが、その土台がないところでたんに知識として科学的知識を覚えこんでも、それは驚きや認識の飛躍をうながすバネにはなりがたいもののように思われます。

教科の学習を、教科以前の、もっと粗けずりなものと連動させること、しかし、それをあくまでも教科の具体的な内容にそくして考えていくことが必要になっていると思うのですが、今回の「燃焼」実験はその手がかりを提供していると思います。

「燃える」ことの延長に、呼吸をとらえてみる

今回の「燃焼」の授業を参観しながらもうひとつ考えたことは、ファラデーがそうしたように、燃焼と生命現象、とくに呼吸をつなげて教えることはできないだろうか、ということです。といっても、具体的にどのように？　といわれると困ってしまうのですが。

六年生の教科書を見ると、最初が燃焼で、最後が呼吸です。燃焼のつぎにくるのが「植物のはたらき」で、この点はよくできているなと感心したのですが、「動植物のからだのはたらき」に行きつくまでのあいだが長すぎて、これでは、燃焼と呼吸を統一した観点で考えるのは、ちょっとむずかしくなるのではないでしょうか。

小学校の理科全体をみると、外部の自然と、自分自身の内部の自然、つまり自分の生きるいとなみを相互にかかわりあうものとしてとらえるという編集意図がうかがわれて共感する部分が多いのですが、だとすれば、燃焼と呼吸はもっとつなげてカリキ

ュラム化したほうがよいのではないでしょうか。空気、水、土、そして食べものをとおして、相互に密接につながっている地球とその動植物の姿が、おおまかにではあれ、六年生の理科の全体をとおして浮かび上がってくれれば、評価としてはバンザイなのでしょう。空気や燃焼の問題は、この関連図の、ひとつの重要な環《わ》として位置づけられます。

火はたんに自分の外で燃えているだけでなく、おなじような化学反応が自分のからだのなかでもおこっているのだと感ずることで、燃焼という現象は、子どもにとってずっと身近で切実なことがらになってくるのではないでしょうか。内部のできごとと外部のできごとはつながっていて、外でおこっていることが、自分のからだのなかでもおこっているわけです。

もっとも、人間の呼吸はかなり複雑な肺呼吸ですから、燃焼の延長として、まずは魚や昆虫の呼吸をとりあげる、ということも考えられるでしょう。教科書は魚の呼吸のことにもかなりふれているので、好都合です。昆虫の場合は、気管を通じて細胞に酸素を直送していますから——飛翔筋に血液（中の燃料）と空気を送って、種類によっては海さえも越えて移動するのだそうですね——話はもっとはっきりしています。

大気のなかの酸素を深く吸収し、それをからだの隅ずみにまで送りこんで「燃やす」息づかいを自分のなかに感ずること、そして、光合成を通じてその酸素を送りだしている植物と、動物としての自分との「つながり」をイメージ化することが、世界のなかにいる自分というものを深く考えるだいじな糸口だと思います。世界と自分をつなぐ環は、「食べもの」だけではないのです。

以上は授業を見せていただいて、ぼくなりに考えたことの概要です。だいたいは当日の話しあいで申し上げたことですが、十分に意をつくさなかった点もあり、急いで文章化してみました。その節もいいましたが、子どものようすも、授業の実際の経験もないままに勝手に妄想したことなので、見当はずれな点もおそらくあろうかと思います。ご指摘をいただきながら、考えていきたいと思っています。

ありがとうございました。

＊——茅ヶ崎市・東海岸小学校からお招きをいただき、二〇〇四年度からほぼ月に一度くらいの頻度で、先生がたの授業を参観させていただいています。校内に五つの授業研究サークルが設けられ、各教員がつくった授業案を共同で練り上げて、順次、公開授業にもちこんでいます。それぞれの授業も刺激的ですが、とりわけ授業後の先生がた相互の討論がひじょうに温かく、かつ充実していて、私にとっては学ぶところの多い校内研究会です。上の手紙は、ゼミの学生たちとおじゃまして、おふたりの先生の理科の授業を見学したおりのもの。のちに下反先生からお返事を頂戴しました。私信ですがお許しをえて、ここに収めさせていただきます。

里見先生へ

お手紙の返事、遅くなってしまって申し訳ありません。先生のお手紙に刺激され、ここ二週間でいろいろな書物を読みあさりました。（中略）

いま落ち着いて考えてみますと、やはり先生のご指摘のとおり、実験室的なろうそくの実験ではなくて「荒削りな」火おこしからはじめ、とにかく、いろいろなものを燃やしてみる、あるいはもっと生活に近づけ、ものを焼いて食べる、料理するといったことをじっくりやってみる活動から入るほうが、よりダイナミックで、興味をひくものであったと思います。

理科では、多くの科学的発見が直観的なあるいは感性的なものであったように、ただ論理実証的にだけ、ものにせまるのではなく、非言語的にせまっていく（ものに触れるセンスを磨く）こともすごく大切であるように思われます。

私が小さいころは、五右衛門風呂だったので、そこで火おこしは鍛えられました。空気を送らなければ火がつかないといったようなことは、風呂焚《た》きという最高の火遊びをとおして感覚的に身についていったような気がします。いまは、ほんとうにそういったものにとことんふれあって、ことばだけでなく体で感じていくような機会が、ご指摘のとおり少なくなっています。授業を構想するとき、もっとこのことを考えるべきでした。

ただ、弁解がましく聞こえるかもしれませんが、あの子どもたちは、五年生の総合「空き缶でお米を炊いてご飯をつくろう」といった活動で、一人ひとりが小さな竈《かまど》をつくり、必死で紙を燃やしたり木をくべたりして、ご飯炊きにとりくむ活動は経験してきています。もちろん、燃焼や空気の流れなんてことは頭になかったと思いますが、それこそ感覚的に自分の体を使ってご飯を炊きあげていました。まあしかし、たった一回の活動でものに触れるセンスが育つなんてことはありません。くり返し何度もおこなうことが重要なのでしょう。そういう意味では、直観的な、ものに触れるセンスを磨くには時間がかかり、非効率的なことでしかなしえないということを、あらためて考えさせられました。もっと時間を……と叫びたいところです。

燃焼と呼吸とのつながりのお話もたいへん興味深く、示唆に富んだお話です。ほんとうの意味で理解するのは、もっと燃焼の仕組みを理解し、生物のエネルギー活動の源としての呼吸の仕組みを知る必要があると思いますが、呼吸が燃焼とひじょうによく似たものであるということは、イメージすることができると思います。吐く息のなかに酸素が存在するのかどうかを調べる実験に、実際に吐く息を集めてそのなかでろうそくを燃やしてみるとか（あ、また、ろうそくだ）、燃やしたあとの空気と吐く息とを比較したりすることをとおして（これもやはり実験室的なことですが）、燃焼と呼吸を関連づけることはできると思います。ただ、ご指摘のとおり、動植物の体のはたらきの単元とのあいだは、少し長いような気がします。

子どもたちが、毎日くり返している空気を吸って吐くという呼吸をどのようにとらえているのか、どのような、自分なりの考えをもっているのか、そんなことも探りながらこれからの授業を考えていきたいと思っています。（後略）

下反達二

エネルギー問題――授業化の視点

「文明」「豊かな暮らし」「経済発展」を表す指標として、所得（GDP）とならんでよくつかわれるのが、一人あたりの年間エネルギー消費量です。

世界の一次エネルギー消費量は、一九八五年ごろまでは六〇億トン台（石油換算）で推移していたのですが、九〇年には七八億五〇七〇万トン、九八年では八三億一〇〇〇万トンと急増しています。

もっとも国ごとの差は大きく、アメリカ合衆国では一人あたり、年に石油換算にして七六三三キログラム、日本では三六五九キログラムのエネルギーが消費されています。いっぽう、インドでは三〇一キログラム、中国では六三五キログラムです。較差は歴然としていますが、この十年で、とりわけアジア地域のエネルギー需要は倍増しています。

日本やアメリカに典型的にみられるエネルギー多消費型の生活様式が、しだいにグローバル化しているといえましょう。

温暖化問題への対応やイラク戦争にも表明されているように、あくまでも大量のエネルギーをつかいつづけること、そうした「豊かさ」を享受し、かつ輸出しつづけることが、つまりはアメリカの「文明」と「国益」だと、ブッシュ政権などは考えているようです。

そんな昨今の事情もふまえながら、エネルギー消費について考える授業をくんだら、と思うのですが、どうでしょうか？

「運動の能率」と「エネルギー効率」はべつもの

太陽エネルギー利用の研究家である押田勇雄氏は、かつて、『人間生活とエネルギー』（岩波新書、一九八五年）の冒頭で、こんなことをのべていました。

エネルギー問題、エネルギー問題、というがいったい何が問題なのか。この出発点をまずはっきりさせよう。問題なのは、エネルギーそのものではなく、エネルギーを使う〈速さ〉なのである。

スロープをゆっくりと上るのと、急いで階段を駆け上がって歩道橋を渡るのと、仕事量としてはどちらもおなじですが、必要とされるパワーがちがいます。一定時間に消費されるエネルギーの量、あるいはエネルギーを使用する「速さ」のことを、押田氏はパワーといっています。パワーの単位は、エネルギー（熱量）を時間の単位でわったもので、カロリー（一気圧下で一グラムの純水の温度を一度上昇させる熱量）やジュール（一カロリー＝四・二ジュール）を秒でわった、ワットでしめされます。押田氏の上記の本には、人間のいろいろな運動のパワー（ワット数）や家庭電器のパワー、自転車、自動車、飛行機のパワーを比較していて、これはつかえそうです。

パワーを表す単位として、「馬力」ということばが、むかしはよくつかわれていました。馬一頭の力、一馬力をワットに換算すると、七三五・五もしくは七四六・一ワット（独仏系と英米系でことなる）で、だいたい四分の三キロワットといったところです。人間が自転車で走るときの出力が約一〇〇ワットだそうですから、その七倍ほどにはなるわけです。

もっと大きなパワーをだせるようになるのは、蒸気機関の発明以後のことで、ジェームズ・ワットのそれは一〇キロワットていど。四輪自動車になると三ケタ、電車だと四ケタ、航空機だと五ケタのキロワットになっていきます。自由にできるパワーが大きくなると、エネルギーの消費量も、ケタちがいに大きくなっていきます。しかし、それは能率の向上を表すもので、かならずしもエネルギー効率の向上を表すものではありません。

物理学者で理科教育にもかかわりの深い山口幸夫氏は、「能率」と「効率」を区別すること、そしてエネルギー消費がうみだす「よごれ」の問題が、物理の学習内容の「基本」のひとつではないかと提言されています。自転車による移動は、自動車にくらべて時間がかかるという意味では「能率」が悪いのですが、熱損失がすくないという意味で、エネルギー「効率」は高いのです。

さきにのべたように、エネルギー使用の大きさは、しばしば「経済発展」や「文明」の指標とされているわけですが、それが個人にとって、また地球社会にとって何を意味するかを考えることが、ひじょうに重要だと思います。

二十数億年かけてできた燃料を、三百年でつかいはたす?

巨大化するエネルギー消費は、その多くが再生不能な資源エネルギー(化石燃料)によってまかなわれています。しかし、地球に埋蔵された化石の量には限りがあります。石油も天然ガスも、現在のままでつかいつづければ、半世紀で枯渇すると予想されています。

人間が大量に化石燃料を使用するようになったのは、産業革命後、二百数十年のことにすぎません。

かつて地球の空気中には酸素がなかったといわれています。葉緑体をもった微生物や植物が炭酸ガスを有機物として固定して、その副産物として、海中に、ついで空気中に酸素が放出されたわけです。いっぽう、生きものたちの死骸は地中に蓄積されて、石炭・石油・天然ガスなどになっていきます。二十数億年もの長い時間をかけて、炭素は化石燃料として固定され、空気は酸素をふくむものとなったのですが、たかだか二百年あまりのあいだに、人間はその成果を食いつぶしているわけです。

化石燃料のエネルギーも、もとをたどれば、太陽エネルギーに由来するものであったと考えられます。生きものは太陽エネルギーを利用して炭酸同化作用をおこない、有機物を地中に蓄積してきたのです。薪炭や水車・風車を動かす力も、もともとは太陽エネルギーです。食べものだって、そう。私たちが依拠しているエネルギーの大部分は、太陽エネルギーがかたちを変えたものです。太陽エネルギーの多様な形態とその相互関係を考えることも、私たちの授業のひとつのテーマになりそうです。水の位置エネルギー（水力）が太陽エネルギーに由来するといわれると、「えっ」と思いますが、よく考えてみれば、水を蒸発させて雲にするのは太陽エネルギーですからね。

化石燃料の消費にともなう二酸化炭素の大量排出、亜酸化窒素、メタンなどの微量ガスの増加は、地球温暖化の原因になるといわれています。地球は太陽から熱をとりいれると同時に、廃熱を宇宙に放出しているのですが、上記のようなガスの濃度が高くなると、それがうまく放出されなくなるのです。

現在の傾向がそのままつづくと、二〇三〇年代初期の二酸化炭素濃度は産業革命以前の二倍になり、その結果、地表温度は一・五度から四・五度上昇すると、科学者たちは警告しています（国連フィラッハ会議声明文、一九八五年）。とりわけ一九七〇年以後、このことにたいする早急な対処が世界的な課題として意識されるようになり、一九九七年の第三回気候変動条約締結国会議で、いわゆる「京都議定書」が議決されたことは周知のとおりです。議定書によると、二酸化炭素やその他の温室効果ガスの排出量を、二〇〇八年から二〇一二年のあいだに、先進国全体で六パーセント削減することになっています。

エネルギーの消費は、そのいっぽうで、かならず「よごれ」をうむということ、より大きなパワーは、大きな「よごれ」の排出と裏腹であることを直視することは、今日の「文明」や「豊かさ」を批判的に対象化するうえで重要でしょう。

「能率的エネルギー」は較差と無駄を要する

熱機関は温度差を利用して作動します。

高温の熱源から熱量をうけとって、その一部を仕事に変換します。しかし、熱量のすべてが仕事につかわれるわけではありません。かりに摩擦や洩《も》れで失われる熱量がないと想定しても（そうした理想的な熱機関を仮定したとしても）、その場合でも、熱量のある部分を廃熱として低温の熱源に捨てなければならないのです。

人類学者のレヴィ＝ストロースはジョルジュ・シャルボニエとの対話（『レヴィ＝ストロースとの対話』、みすず書房。原書一九六一年）のなかで、未開社会と近代社会のちがいは、時計と蒸気機関のちがいによく似ていると指摘しています。前者は「冷たい社会」、後者は「熱い社会」だというのです。

時計の電池はなかなか消尽しません。最初に与えられたエネルギーを小出しにつかって、ゆっくりと活動します。内部に不均衡がなく、大きな力をだすことはできませんが、混乱もすくなく、秩序の持続性は高いのです。

一方、我々の社会は、単に蒸気機関を大いに利用する社会というだけでなく、その社会構造という観点からしても蒸気機関に似ています。つまり作動するためにポテンシャル・エネルギーの差を利用するわけで、その差は社会階級の様々な形態によって実現されているのです。（中略）このような社会はその内部に不均衡をつくり出すに至ったのですが、その不均衡を利用してさらにずっと多くの秩序と（中略）同時に、さらにずっと多くの混乱、ずっと多くのエントロピーを、人々の間の関係という平面の上に、生み出しているのです。（同上書、多田智満子＝訳）

内部に格差をもつ社会は大きなパワーをもち、より複雑な秩序をたえずあらたにつくりだしていく反面、混乱と軋轢《あつれき》をうみだし、急速にみずからを消尽していく、というわけです。

レヴィ＝ストロースは社会構造に注目して、「冷たい社会」と「熱い社会」というモデルをだしているのですが、個人の生活様式という点から、このふたつの社会のちがいを考えると、どういうことになるのでしょうか。

エネルギーを多く消費する「熱い社会」は、時間が希少な資源となる社会です。なにかにつけて「能率」が問われ、仕事そのものよりも、時間あたりの仕事量が問われる社会です。ミハエル・エンデの『モモ』は、そうした社会の変容を寓話化したＳＦといえましょう。

日本では一人あたり一次エネルギー消費量は三六五九キログラムですが、その四割以上が、電気をつくるためにつかわれます。つまり、電気という二次エネルギーに加工されるわけです。

蒸気機関車とディーゼル機関車と電気機関車をくらべると、電気機関車が、出力が大きいばかりでなくクリーンな印象を与えます。しかし、その電気をおこすために多量の化石燃料がつかわれていることを知ると、その印象はゆらいできます。熱エネルギーが電気エネルギーに変換されるときには、その変換のために大きな損失がうまれるのです。送電の過程でも、多量の電力が失われます。エネルギーの使用形態としては、電気はかなりぜいたくな（あるいは非効率な）もの、といえるかもしれません。

最近では、化石燃料に依拠しない小規模な発電方法が注目を集めています。風力発電、太陽光発電などです。これらの発電の仕組みについても、知りたいですね。

さて、そこで原子力発電だが

ウランは地球誕生の過程でうまれた鉱物です。いわゆる化石燃料とは区別されています。このウランに中性子をぶつけて原子核を分裂させたときにでてくるのが原子力です。化石燃料は燃焼によって、すなわち分子のなかの原子のくみかえによって熱をひきだすのですが、原子力の場合は原子核のなかの陽子と中性子のくみかえによって、エネルギーがひきだされます。

一キログラムのウラン235の核分裂からでるエネルギーは八二兆ジュール、石炭約三〇〇〇トンに相当するそうです。途方もなく巨大なエネルギーをだすわけですが、その結果として、燃料のウランと同量の、高レベルの放射性物質が生成されます。放射能や死の灰とよばれるもので、生物の遺伝子をも変えてしまう毒性物質です。

この核エネルギーをつかって電気をおこすのが原子力発電で、現在、日本の発電量の三一・八パーセント（一九九八年）が原子力によってまかなわれています。

二酸化炭素を排出しない、石油にかわるクリーン・エネルギーということで、日本政府はさかんに原子力発電を推進しています。

ウランの原子核の分裂によって巨大なエネルギーをひきだすということ、それにともなって放射性原子を産出するということは、地球誕生時代の不安定物質とそのふるまいを、人工的に再現する行為でもあるわけです。

ウラン235が原子炉で核分裂するときにあらたにうまれる放射性原子のなかには、プルトニウム239のように半減期が二万四一〇〇年、放射能のつよさが百万分の一になるまでにじつに四六万年を要するやっかいな死の灰もあります。四六万年まえといえば、まだ人間が原人だった時代ですよね。

ウラン235は希少資源で、しかもその抽出（濃縮）にあたっては膨大な熱を消費するので、日本の電力会社は、原子炉からでたプルトニウムを燃料として再利用しようとしているわけですが（そのための炉が高速増殖炉）、先年（一九九五年）の「もんじゅ」の事故がしめしているように、それは極度の危険性をともなっています。（「もんじゅ」はその後、運転を停止した。日本にはすでに三三トンのプルトニウムが蓄積されている。いちばん安直な「処理」方法は核兵器としての使用であり、日本は潜在核保有国とみなされている。）

こうして蓄積されていく膨大な放射性のゴミを、人類はどう管理しつづけるのでしょうか。私たちがきたるべき世代の人類に残す、大きなツケとなることは確実です。四六億年の地球史の賜物として今日の一瞬の生を享受している私たちの、人間存在としての根源的な倫理が問われているのではないでしょうか。

「授業化の視点」にしては、すこし話を広げすぎたかもしれません。授業設計の段階ではもっと話題を絞って、考える「素材」（＝教材）となるような資料やトピックスを探しだす必要があるでしょう。そのひとつ手前の、問題の輪郭を探る手がかりとして読んでください。

［補記］

この文章は、国学院大学での二〇〇三年度「社会科教育法」授業プリントの一部です。この年は伊藤和明「地球環境の危機」（国語教科書所載）を糸口にして、そこから社会科の授業をつくりました。エネルギー問題に焦点を絞ったのは、そのことがとりわけタイムリイであったからです。年来のトラブル隠しとデータ改ざんが発覚し、立地自治体のつよい要請によって、五月はじめには東京電力管内のすべての原子力発電が停止に追いこまれていました。この夏は発電量が不足して停電がおこるかもしれないといわれていたのですが、はたしてその事態を回避できるかどうか、また原発の再開なしにこの危機をのりきるには、何が必要かを、電力需給のデータの分析をとおしてリアルタイムで考える授業をくめるのではないかと思ったのです。

興味をもった有志の学生諸君は、電力会社や関係市民団体などを精力的に歩いて資料の収集と聞きとりにつとめ、ポスト原発社会の可能性を探る模擬授業を計画してくれていたのですが、県の態度変更によって東電の柏崎刈羽原発6・7号炉、ついで福島第一原発・第6号炉の運転が再開されて、残念ながら当初の前提はくずれてしまいました。

現在進行中の事態をリアルタイムで分析・予測し、私たちはそれにどうはたらきかけていったらよいのかを考える社会科の授業は、現実が流動的であるだけに不確定なものであらざるをえませんが、解答があらかじめ用意されていない場面での学びこそが、現実の生きた学びの姿なのだろうと思います。

第二章　人として育つことが困難な時代に、学びは

1 虎は虎であることをやめない。だが人間は――

学びの奪還

いま、なぜ、「学び」が問題なのだろうか？

子どもも、そして大人も、自分たちの「学び」には、なにか不「自然」なもの、不健全なものがある、と直感している。だから私たちは、あらためて、「学び」とは何か、「学ぶ」とはどういうことかを、みずからに問いかけなければならなくなっているのではないだろうか？

子どもの「学び」をもっと子どもにとって――私たちの「学び」をもっと私たちにとって――「自然」なすがたに近づけたいという願望が、おそらく、これらの問いの底には流れている。――こんなはずではないのだ、という思いが。

「造物主の手をはなれるときには、すべてのものはうまくいっているのに、人間の手にうつるとすべてが悪くなる」と、ルソーは『エミール』の巻頭に書いた。ルソーはとりわけ「学ぶ」という行為を念頭において、このことをいっているのだ。

「教える」という大人たちの作為が、子どもの「学び」を、にがく苦しく、不毛で有害な経験に変えていくことを、ルソーはくりかえし指摘している。人は生きることによって、生きることを学ぶ。学ぶことを真に必要とする状況のなかにおかれれば、子どもは教えられなくても、自分でよりよく学ぶことができるだろう。「学ぶ」ということの、それが「自然」なありかたというものだろう。

今日、制度としての「教育」が徒《いたずら》に肥大化するのは、子どももふくめて私たちすべての者が、真にみずからの生を生きることからきり離されていることの証左ではないだろうか。生活世界が希薄化して、人間形成をうながすほんとうの意味での〈教育者〉である諸々の自然、労働と遊び、他者たちとの交流が、子どもにとっても、大人にとっても疎遠なものになった。

近代学校制度のもとで、学びは、たんに作為的であるのみならず、国家による強制となった。教育する主体は国家であり、その教育の制度と内容は、基本的には経済的支配層の要求にもとづいて方向づけられるものとなった。「国民」と労働力を養成すること、かくして生産された「人材」を品質に応じてしかるべき分野と階層に選別・配分することが、学校制度の機能になった。この機能に従属するかたちで、子ども・若者の学びはいとなまれている。「学ぶ」ということは、「教えられる」こと＝「養成される」ことと同義となり、その「学び」は学ぶ当事者のためではなく、「教え」をほどこす者のためにおこなわれることになった。

この「教える者」を中心にして構築された「教育」を、学ぶ者自身の「学び」を中心にしたものにくみかえる、というのが、近代学校成立期以降の批判的教育運動の（いわゆる進歩的教育運動の）基本的な考え方であった。国内的にも国際的にも、膨大な実践が蓄積されてきた。「学ぶ者」の視座から教育の総体を問いなおすこの教育実践の伝統は、今日なお継承されるべきものとして、私たちに手わたされている。

焼きはらわれた森の畑に立つ耕作者のように

だが、課題は単純ではない。

より「自然」な学びの姿をとりもどす、といっても、それは無為自然にかえる、ということではありえない。教師の「教えこみ」を排し、自然体験や労働体験をとおして、「自然な」学びのありようをとりもどそうとすれば、私たちは「作為」的に何かをおこなわなければならないだろう。自然を再生するということは、高度に技術的な、つまりは文化的な実践である。自然の森を再生するということは、かならずしも、森を遷移にまかせて原生林にかえすということではない。奥山の針葉樹林も、里山の雑木林も、人が手を入れることで、いいかえればそれを「文化」として再構成することで、「自然」はからくも維持されている。その「手の入れ方」が、重要なのだ。

「自然にかえれ」。これはルソーの命題とされているが、為本六花治《ためもとゆきはる》氏によれば、ルソーの著作のどこを探してもそんなことばは見あたらないという（『ルソーエミール入門』、吉澤昇・為本六花治・堀尾輝久＝共著、有斐閣新書、一九七八年）。「自然」は私たちの後ろにではなく、私たちのまえにある、というのが、ルソーの自然把握だろう。自然は文化に翻訳され、そのことによって、たえずあらたに発見されるのだ。

植物じたいがおこなう遺伝子交換を、農民が模倣・再現するとき、それは育種や種苗交換という「民俗」をうんだ。輪作や混作という人為的な技術によって、もともと不自然な「畑」に、畑なりの自然（生物的多様性と、畑に固有な生態系）をうみだすのが耕作者の知恵であった。農耕は大地を冒すことなしには成立しえないが、とはいえ、農業が自然の論理を離れては成立しえないこともまた、あきらかだろう。学びをもっと子どもの「自然」にそくしたものにしていくためには、文化や教育の放棄ではなく、そのあらたな構築が、強靭な文化意志が必要なのだ。なすがままでは、人間的自然は回復しない。「人類というものは、中途半端に形成されるわけにはいかないものなのだ」（ルソー『エミール』）。

私たち教師は、畑のなかの耕作者――国家と産業社会が焼きはらった森の畑の耕作者――のような存在なのかもしれない。暴力的に創出された不自然な空間、過度に作為的な「教え」と「学び」。だが、多くの山の民にとって、森は、畑をより持続可能な耕地につくりかえる農法のモデルでもあった（アグロ・フォレストリー、東南アジアでは複合農業ともよばれている）。重要なことは、学校という畑が、畑地でありながらも、生活の森とつながっている、ということだろう。二つの層序にはたらく論理を相互に変換する回路を、耕作者はもたなければならないのだ。

「人材育成」から「人格の完成」へ、ではなかったか

本書の執筆・編集は、中央教育審議会の教育基本法「改正」論議と二〇〇三年三月の最終「答申」、その後の国会上程の動きをにらみながら、それと並行するかたちですすめられた。「改正」案の上程はいったん見送られたものの、学びの国家主義的な再編を企図するこの動きがまた浮上してくることは確実である。いま、「学び」の問題は、きわめて緊迫した状況のもとで問いかえされているのである。

周知のように教育基本法は、「われらは、個人の尊厳を重んじ、真理と平和を希求する人間の育成を期」し、「普遍的にしてしかも個性ゆたかな文化の創造をめざす教育を普及徹底しなければならない」と、前文でその基本理念をうたっている。

また第一条の「教育の目的」では、「教育は、人格の完成をめざし、平和的な国家及び社会の形成者として、真理と正義を愛し、個人の価値をたっとび、勤労と責任を重んじ、自主的精神に充ちた心身ともに健康な国民の育成を期して行われなければならない」と、前文の趣旨を敷衍《ふえん》している。

個人の尊厳、人格の完成、平和的な国家及び社会の形成者、自主的な精神など、教育基本法の脊梁《せきりょう》ともいえるこれら一連の文言には、明治以降の日本の教育と、悲惨で愚かな戦争を回避することのできなかった国民の知性のありようへの深刻な反省がこめられている。

人格の完成ということは、個人の尊厳と価値との認識に基くものであるということを強調しておかなければならない。なぜならば、国家あって個人なく、個人を単なる国家の手段と考えるところには、人格の完成などということはおおよそ無意味なことであるからである。

（辻田力・田中二郎＝監修、教育法令研究会＝編『教育基本法の解説』、国立書院、一九四七年）

わが国において最も欠けておることは、個人の覚醒がなかったということにあったと考える。この点が国を誤らしめたところのものではなかったかと考えておる。（一九四七年三月十四―十五日、衆議院教育基本法特別委員会における上林山栄吉委員の質問への政府答弁。上掲書より重引）

人格とは、譲渡しうる所有物との対比において、ほかのなにものによっても代替することのできない一人ひとりの人間の「品位」、その固有の生の価値をあらわす概念であるが、人間をモノとして、「単なる国家の手段」として「錬成」し、兵士として戦場に送りこんできたのが戦前の日本の教育であり、教師であった。それが企図したのは、人格の完成ではなくて、「国家有用の人材」の育成であった。

教育において「個人の尊厳」を重んずるということの意味を、当時の文部省担当官によって書かれた上掲の『解説』は、つぎのようにのべている。

その第一は目的の面であって、教育が人間を人間たらしめるものであり、人格の完成をめざさなければならないことをいう。軍国主義の教育は、人間を戦争の道具にまでつくりあげようとする点において、又極端な国家主義の教育は、国家のためによき手段たるべき人間をつくろうとする点において、同じく個人の尊厳を重んじないものである。又教師、両親等の利己主義によって子供の教育をゆがめることもこの趣旨に反するのである。その第二は方法の面である。個人の尊厳をたっとぶ教育は、学生、生徒を人間らしく取り扱わなければならない。

個人の尊厳、人格の完成という理念が、「平和的な国家及び社会の形成者」という理念と一対になっていることにも注目しておかなければならない。「成員」ということばをさけて「形成者」としたのは、上の『解説』によれば、意図的な選択であった。また「平和的な国家及び社会」であって、自民党のタカ派議員たちが愛用する「国家・社会」などということばは使っていない。個人の尊厳が重んじられ、一人ひとりの人間が安んじてみずからの生をまっとうすることのできる、そうした国家と社会の「形成者」（市民）としての力量の育成がうたわれているのである。「人格の完成」は、「平和的な国家及び社会の形成者として」ということと、意味的に直結している。批判的で能動的な個人・市民の育成と、そうした個人・市民をうみだし、またそうした市民によってささえられる「平和的な国家及び社会」の形成は、たがいにべつなことではない。

人間はからくも人間になっていく

上の『解説』は、「人格の完成」を説明して「人間を人間たらしめること」といいかえている。人間の人間化――それが、教育の目的であるということだ。

一見、観念的な言辞のようにとられかねないが、そこには痛切な現実認識が秘められている。人間が人間として存在するのは、それほど容易なことではないのである。

私たちのまえにあるのは、「人間の非人間化」という現実である。これは、まさに圧倒的な現実として、私たちのまえにある。兵士たちは「人間であること」を禁じられながら、殺し、殺されあう。リストラ下の労働者は、企業戦士たちは、今日、人間としての生をまっとうしているのだろうか？　人間を非人間化する社会に適応するために、人はみずからを非人間化する。学びが――管理教育と子どもたちの「学力」競争が――この非人間化の訓練としてあることを、否定できるだろうか？

教育基本法の起草者たちがしばしば強調しているように、人間は、もともと未完成の存在である。未完である、ということは、可能性にむかって開かれているということでもあるだろう。人間は、人間になっていくこともできるし、みずからを非人間化していくことも可能である。人間であるということ。それは、けっして自明なことでもなければ、自然なことでもない。人間は、たえず非人間化の危険にさらされながら、からくも人間になっていく存在なのだ。

スペインの哲学者オルテガ・イ・ガセッ（ガセット）は、かつて著書『個人と社会』のなかで、つぎのようにのべた。

人間は思考能力を授けられたのではなく、実をいえば、（中略）人間は訓練とか教養、あるいは教育を通じて、何千年にもわたる努力を傾けながら、しかもこうした作業をいまだに達成することなく——それどころではない——少しずつつくりあげ精練してきたのである。思考能力は最初から人間に与えられたものでないばかりか、現在という歴史的時点においてさえ、われわれが言葉の素朴かつ通常の意味において思考と名づけるところのもののわずか一部を、粗雑な形でしか形成することに成功していないのである。さらにこの獲得されたわずかな分量でさえも、獲得されたものであって本来的なものではないから、つねに消滅の危険にさらされており、過去において事実何回となくそのおおかたを失ってきたのであり、われわれはいままたそれを失わんとしているのである。世にある他の存在者と異なり、人間はけっして完全な形で人間であるのではなく、むしろ人間であるということは、正確にいうなら、いまにも人間ではなくなること、死活の問題、絶対にして危険な冒険であることを意味しているのである！　あるいはいつもの私の言葉で表現するなら、人間は本質的にドラマなのだ！　なぜならドラマが成立するのは、次の瞬間になにが起こるかがわからず、毎瞬間がまさに危機であり戦慄せんばかりの危険であるからである。虎は虎であることをやめること、すなわち非虎化されることができないのに対して、人間はたえず非人間化される危険のなかに生きているのである。

（佐々木孝、Ａ・マタイス＝訳、白水社。原書一九五七年）

「過去において何回となく失ったもの」、思考能力だの理性だのとよばれるものを、われわれは、この二十一世紀において「いままた失わんとしている」のだろうか。人間を非人間化する力は、かつてにもまして巨大なものになっている。社会生活の場でも、学校教育の場でも、人間は徹底的にモノ化し、受動化している。自分自身の無力化への反動として、大人のあいだで、そしてとりわけ子ども・若者のあいだで、力信仰と暴力への傾斜がつよまっている。「学び」も、さらに抑圧的なものになった。教育基本法の改定の動きは、こうした「現実」に棹《さお》さすかたちで提起されているのである。［注］

知ること・学ぶことは「人となる」ことのために

「人が人になる」ことと、「知る」こと、「学ぶ」こととは、どうつながっているのだろうか。そのつながりがますます希薄化し、あるいはいっそうみえにくいものになっているのが、今日の知識・学問の一般的な状況ではないだろうか。理性なき合理主義の時代においては、知識の合理化＝非人格化と、人格の非合理化・非理性化があいたずさえて進行する。「知っている」ということと、「人間である」ということの深い乖離《かいり》。「人格の完成」をうたっているはずの教育においても、この乖離は顕著である。

化学者として、また認知理論家として知られたマイケル・ポラニーに、『人格的知識 "personal knowledge"』という著書がある。科学史のあたらしいページを開いた創造的な発見は、たんに「客観的 objective な」知識の集積によってうまれたものではない。その人の外部にただモノとしてある知識ではなく、科学者自身の感覚や世界観と一体化した、その人自身の精神のはたらきとして人格化された知が、あたらしい発見をもたらすのだ、という主張が、題名にはこめられている。生きた知識は、つねにそうしたものだ、ということでもある。

知識を「もつ」こと、そしてその知識の運用に「習熟」することが、人間として「ある」ことと無関係なこととしておこなわれているとするならば、それは知識（スキルをふくむ）のありようとしても、したがってまた学習のありようとしても、病んでいるといわざるをえないだろう。

だからといって、知育偏重の是正、徳育の重視をうたう反動的（まさに反動的）な「人格陶冶論」に、和してもならない。「知る」こと、「学ぶ」ことをとおして、人が人として育っていく道すじを、私たちは日々の教育実践のなかで大きくきり拓いていかなければならないのだ。

［注］――オルテガの上記の思想を批判的に敷衍したのが、ブラジルの教育学者パウロ・フレイレの『被抑圧者の教育学』である。きわめて重要な意味をもつ同書の冒頭の一文は、残念ながら英語版では大はばに省略されてしまっているので、少し長くなるがポルトガル語版原書（一九七〇年）から訳出しておきたい。

本書は前著『自由の実践としての教育』で論じたいくつかの問題点の深化を企図したものだが、あつかうべきテーマがきわめて広範多岐にわたることは、一見してあきらかである。以下にのべるのは、たんなる序説であり、もっとも重要と思われる問題へのひとつのアプローチにすぎない。

現代という時代のドラマ性を反映して、ここでもまた問題として浮上するのは、人間そのものである。ただちにわかってくるのは、私たちの人間についての無知、この宇宙のなかで自分がしめている位置について、私たちがほとんど何も知ってはいないという事実である。そうであるからこそ、私たちはそれをもっと深く知りたいと思うのだ。この人間についての、自分についての無知の自覚が、本書の研究のひとつの動機になっている。人間についてこんなにも何もわかっていないということが、悲劇的なかたちであきらかになってしまうと、そのことじたいが人間そのものの重大問題になる。疑問はつきない。答えを見つける。しかしその答えは、つぎなる問いを引きだすばかりなのだ。

なかでも人間化の問題は、axiological（価値論的）な見地から、つねに人間の中心的な関心事でありつづけてきたものであるが、それは今日では、避けては通れない問題として私たちのまえに立ちはだかっている。人間化を問題にすれば、ただちに非人間化という事態が視野に入ってくる。その非人間化はたんに存在論的な可能性としてではなく、歴史的現実として、われわれのまえに広がっているのである。非人間化のその悲惨なまでの遍在に接して、人は、人間化などということが、はたして実現可能なのか、と自問する。歴史のなか、具体的・客観的な文脈のなかでは、人間化も、非人間化も、ひとしく人間にとってありうべき可能性である。それはみずからの未完性を意識する未完の存在としての人間のまえに開かれた（ふたつの）可能性なのだ。

人間化と非人間化とは、いずれも現実的な選択肢として私たちのまえにあるのだが、ただ前者だけが人間の使命 vocação dos homens につながっている。この使命はたえず否定され、だがまさにその否定によって、肯定されてきたのである。不正と搾取と抑圧、そして抑圧者の暴力によって、この使命はうち消されるのだが、しかし、抑圧された者の自由と公正への憧憬によって、そして失われた人間性を回復しようとするかれらのたたかいによって、それは肯定されるのだ。

（パウロ・フレイレ『被抑圧者の教育学』第一章から）

2 収奪と過剰給付のやまぬこの現実を土台にして、子どもたちは育つのだとすれば

ヒトであること、ヒトになること

「口で息をする若者が多くなった」といわれているのだが、さて、どうだろうか。

哺乳ビンだと口を離して息継ぎができるので、乳を吸うときに鼻で呼吸する習慣が、乳児のうちに身についていないからだ、という。

長い時間をかけて咀嚼《そしゃく》をおこなう動物にとっては、口が食物でいっぱいになっているあいだも呼吸をつづけることができるということは、適応上の重要課題であった。爬虫《はちゅう》類の一部や哺乳類は、一億年も二億年もかけて第二口蓋《こうがい》や鼻を進化させ、口腔《こうこう》と気道を隔離してきたのである。このヒトのからだの、類としての機能がいま変容しつつある、ということになるのだろうか。

霊長類の手は、親指が他の四本の指から離れたところについていて、おのおのの指とむきあう

ことができるようになっている。拇指《ぼし》対向性とよばれているものだが、これによってものを自由につかんだり、さらにはもっと細かな指つかいもできるようになったのである。とりわけヒトは、親指と人差し指をつかってものをつかんだり、それらのものをたくみに操作・加工して、道具をつくる道具をすら製作するようになった。霊長類の進化の歴史の、ひとつの達成点といってよいだろう。

河合雅雄『子どもと自然』（岩波新書、一九九〇年）によれば、人間のあかんぼうに積み木をつかませると、生後五か月でてのひらと親指以外の四本の指で、六か月目には親指もつかって、そして七か月目には親指をすこしほかの指と対向させて「握り箸」ふうにつかむようになる、という。親指と人差し指でつかめるのは、ようやく十―十二か月目になってからだ。「だから」と、河合はいう。「握り箸型のつかみ方が最初で、ついで拇指対向型のつかみ方になる。このことを見れば、（最近の）子どもたちが握り箸型のつかみ方をするのは、幼児型に行動退行したということになろう」（カッコ内は引用者）。

ヒトの足指はサル類の後ろ肢《あし》とはことなって、全体として指長が短く、また拇指対向性を失っている。人類の足は直立二足歩行にむけて特化しており、その足で持続的に直立し二足歩行することで、ヒトはヒトになった、ともいわれている。だが、移動手段の発達、歩行習慣の後退によって、今日の私たちの足はその特質の多くを退化させてしまっている。長く立っていることのできない子どもがふえているし、「土ふまず」の消失など、形質的な変化をもともなう脚力の弱化がすすんでいるのだ。

　クモが糸を紡いで巣をつくり、モンシロチョウがアブラナ科の植物をえらんで産卵するのは、遺伝的にプログラム化された生得的な行動であるが、人間が指をつかい、立って歩くのは、たしかに生得的なデザインに基礎づけられた行動ではあるが、自動的に発現する行動とはいいがたい。なんらかの学習過程が介在して、種や集団の行動様式が個体のものになっていくのである。学習によって伝えられていく行動様式を、広く「文化」とよぶとすれば、人間においては、歩行も手の使用も、さらには「息づかい」すらもが「文化」として学習されているといわなければならないだろう。それが「文化」となることによって、ヒト固有の形質や行動様式はからくも維持されているのである。

罠としての文化

だが、逆もまた事実である。

上記の諸例はすべて、文化によってヒトのヒト化が妨げられている実情を物語っている。すべてのものが既製品として供給される文化のもとでは、手の労働は多くの人間にとって疎遠なものとなったし、便利なクルマは足を、都市化と情報化は人間の五感を侵蝕した。テクノロジーの「水準」の高度化と反比例して、人間そのものの退化が進行しているのである。

なによりも、対人接触の質が低下した。乳幼児は大人からの語りかけによって、おのずとことばを身につけていく。愛する人や信頼する他者のことばに耳をかたむけ、どうしても伝えたいことを、伝えたい相手に伝える行為をとおして、聞く力・話す力は育っていく。そのことばの根源的な基盤が、いまや危殆《きたい》に瀕《ひん》している。ヒトがヒトになるうえでの、決定的ともいえる土台が劣化しているのである。

経済学者の馬場宏二は、かつて、日本の子どもたちの状況を要約してつぎのようにのべた。

未曾有の高度成長は、だれにも予想できないテムポで日本社会を富裕化した。この過程で、子供たちは多くのものを奪われ、多くのものを与えられた。そのカタログを、もっとも単純な形にまとめれば、奪われたものは、自然、労働、仲間であり、与えられたものは、物質的豊かさ、大衆娯楽型情報、生きる目的としての受験である。奪われたものはいずれも、人間存在にとって本源的な要素であり、与えられたものは、すべてが無駄で非本質的だとまではいえないが、人間存在にとって不可欠でもなく、しばしば過剰であるゆえに有害であった。この収奪と過剰給付のセットが、子供たちの想像力と創造力を枯渇させた。先まわりしていっておけば、これが日本資本主義の危機なのである。

（『教育危機の経済学』御茶の水書房、一九八八年）

ヒトがヒトとして育っていくことを援《たす》ける、と称しながら、富裕化社会の文化の通例にしたがって、教育と学校文化もまた、「収奪」し「過剰給付」することによって、人間の人間化を妨げるはたらきをしてきたのではないか、という疑問のまえに、私たちは立たされている。

そして、だからこそ教師たちは、ヒトは何によってヒトとして育つのか、という根源的な問いを問いかえしながら、みずからの教育実践を再構築しようとしているのではないだろうか。われわれは、子どもたちから、何を収奪し、何を過剰給付してきたのだろうか。

そうした問題意識が多くの教員に共有されつつあること、教育状況の反動化にもかかわらず、学びと文化の質を変える斬新で多彩な実験が各地の学校現場で精力的にすすめられていることは、たとえば近年の教研集会のレポートにも如実にしめされている。

「この現実に、いま、立っている自分」からはじめる

文化が人間の人間化を妨げている、とのべた。

だが、という疑問がただちに浮かんでくるのではないだろうか。文化や人間存在の「あるべき姿」を想定して、それを規準にして現状を否定的に評価しているだけでよいのだろうか。病んだ現実のなかで、子どもたちはさまざまな「歪み」をかかえながら生きていくが、しかしその病んだ現実、欠如と過剰給付に苛《さいな》まれた生育環境こそが、子どもたちが人として育っていかねばなら

ぬ「生活台」であるとするならば、私たち大人がそこでなしうることは、なんなのだろうか。

確認しておかねばならぬことは、子どもは、何も経験したことのないタブラ・ラサ（白紙）の存在として教師のまえにいるのではない、ということ、いかなる「学び」も、その学び手自身の経験の歴史のなかにくりこまれることなしには「学び」として成就しない、ということである。あえて歴史というのは、歴史には、連続性とともに飛躍、転換と切断とでもいうべきものがふくまれているからである。「学ぶ」とは、既有の経験を資源としながら、なおかつ、経験を変える、あらたに経験をひらく、ということだろう。

そうしたあらたな経験の地平は、子どもたちがみずから活動することをとおして――なにかを「おこなう」ことによって――きり開かれていくものだ。そのための舞台と素材を、私たちは、子どもがいま立っている場の足もとからきりだしてこなければならないだろう。


地域や身近な事象を素材にえらんで、平生、自明なこととして見すごしてしまっているそれらの事物に、あらたな光をあててそれをとらえ直すという趣向の授業が、日教組・第五十三次教育研究全国集会（二〇〇四年）のなかでも数多く報告された。子どもたちが主体になって、行動的に学びをつくりだしていく授業である。

私自身が直接会場で聞くことのできた報告でいうと、三重県の過疎化する町の中学校（紀伊長島町・赤羽中学校）で総合学習の一環としておこなわれた「地域探索」は、そうした地域学習の典型例といえるものであった。

校区を走る伊勢路の古道を歩きながら、中学生たちは、さまざまな気づきを体験していく。ある生徒は雑木林と植林の相異に驚き、「植林は問題がたくさんありますが、赤羽は植林を仕事としている人もたくさんいます。……植林が全く悪いとも思えません」と書く。だが、いったん山に人の手を入れたら、その後も入れつづけなければならず、その人手が得られないのだ。「いろんなことがわかってきて、いろんなことを知らない自分に気づきました」と記して、この生徒はノートをしめくくっている。

古道にはまた、戦争の記憶も刻まれている。焦土作戦で焼けおちた瓦《かわら》、男手が兵隊や軍需工場にとられ、女性とお年寄りの手で掘られた路端の防空壕、学校から見える神社の忠魂碑は、戦場に旅立った若者たちが村人に別れを告げた場所だ。ある生徒は書いている。

……忠魂碑の前に立ってみた。「もうここに戻ってこれないかもしれない」と思った人。実際に戻ってこなかった人のいた場所に立っている自分。これほど、平和について考えたことはなかった。／同じように、荷坂峠の麓《ふもと》にいったとき、松原橋で説明をきいた。日露戦争の時、あの橋のたもとで、戦場に行った人たちは、隣近所の人たちと別れたそうだ。さらに、そこから峠の頂上までは、家族だけが見送りに行ったそうだ。家族だけになったとき、見送る側も見送られる側も、どんな気持ちだったのだろう。それを思うと胸がいっぱいになってきた。

この探索学習をささえてくれたのは、地域の古老たちであったという。ふだんは歩くことにも難儀している高齢者たちが、自分たちの過去を語りついでほしいと、道みちの案内役を買ってでてくれた。村をへだてる峠は村をつなぐ峠でもあったこと、山あいの畑の村が飢饉《ききん》になれば、谷間の村の人たちが米を担いで救援にかけつけ、谷間の村が洪水に襲われたときは、こんどは山の村から救援隊がくりだされたこと、古道に刻まれたそうした助けあいの伝統を語ってくれた古老たちのなかには、みずからも池坂峠を越えてこの村の若者と結ばれたおばあちゃんたちがいた。

生徒たちは、「学びをささえてくれる地域の人々への感謝の気持ちを伝えるために」プレゼンテーションを制作し、それは翌年の総合学習のオリエンテーションとして、新入生たちのまえでも上演されている。

いま居るところに深く立地すること、そこに「学び」の出発点があることを、赤羽中学校の実践は私たちに教えてくれている。（中井克佳教諭の教研レポートから）

3 思考のプランクトンは、世界と身体との界面でざわめく

思考のプランクトン

浜の大人たちは、近ごろの子どもは海で遊ばない、と嘆く。都会にくらべれば自然に恵まれているはずの村の子どもたちのあいだですら、「自然ばなれ」がすすんでいる。子どもの生活から失われた遊びや労働を再生すること、そのことをとおして自然や仲間とのふれあいを深めることにとりくんだ教育実践が、今年度の教研集会でも、すべての分科会を通じて数多く報告されている。かならずしも「総合学習」ばかりではなく、教科の領域でも、そうしたスタイルの学習が大きな流れになっている。

遊びや手の労働は、もともと子どもが学校外の暮らしのなかでやってきたことであって、学校教育にとっては——すくなくとも伝統的な「学校教育」にとっては——領域外のことであった。

だれかが「教える」というよりも、大人たちと、あるいは仲間たちと「いっしょに」何かを「やる」ことのなかで、子どもたちは格別に教えられることなしに、いわばからだ全体で、ジーン・レイブたちのいう「状況に埋め込まれた学び」を学んできたのである（ジーン・レイブ、エティエンヌ・ウェンガー『状況に埋め込まれた学習』、佐伯胖＝訳、産業図書。原書一九九一年）。

注入主義的な学校教育はといえば、ことばだけの概念を「過剰給付」することによって、五感の形成をうながす直接体験を、しばしば侵害さえもしてきたといってよいだろう。

学校のしごとの中心が「知識を学ぶ」ことにあるとしても、その知識なり学問なりは、日々の生活のなかで培われる子どもたちの経験知に根ざすものでなければならず、また自然のなかの遊びや手の労働をとおして育まれる、からだと感性にささえられるものでなければならない。学校の学びの大きな根っこを育ててきたのは、じつは学校をこえた地域の暮らしであったわけで、地域のもつそうした人間形成機能がゆらいできたいまにいたって、私たち教師は、あらためてそのことの重さに気づかされているといってよいだろう。

正統的な「教育」が疎《うと》んじてきた遊びや労働体験、からだをとおした活動的な学びに注目するということは、学校の「勉強」のありかた全体を根本から再検討する、ということとつながっている。

教育学者の故・佐藤興文《おきふみ》は学校で要求される「思考」の性格を検討して、それらの「場面の思考」はいずれも、ある設定された範囲内のものであった」と指摘していた。国語の場合には国語の、数学の場合は数学のつくられた問題があって、「思考の求められ行われる範囲や次元は、おのずから枠づけられ、筋道立てられていた」。思考すべき「対象は主として文字や数字や記号によって表わされていた。あるいは概念や論理によって構成されていた。……理科等の場合には具体的な物質や事象に触れることもあったが、これもたいていは、予《あらかじ》め設定された場や装置の範囲で、与えられた方法によっての接触であった。そこでは方法も結果（解答）も予め用意されたものであった」（「知識と知育」『国学院大学教育学研究室紀要』第十七号・十八号、一九八二・八三年）。

生活場面での思考とも、また研究場面での思考とも、これは大きくことなっている。現実の思考の場面では、問題そのものがまず探られ、把握されなければならない。「問題は作られねばならぬものであって、与えられるものではない。だが、この場合には、問題を捉えることと解くことが密接に結びついていて、よく問題を捉え作ることが、解くことに通ずる。どこまでが問題であって、どこからが解答なのかということが、つまり問いと答との境が必ずしも明らかでない。むしろ問いから問いへと重ねていくうちに、辛うじて何かが判ってくる」（同上）。

「われわれは何処で生き、そして諸々のことを為しているのか。どこで主として感じたり、思ったり考えたりしているのか」と佐藤は自問し、こう答える。「ほかならぬ事物の世界であり、事象の場である」と。この事物・事象は、ことばによっても文字によっても、概念によっても構成されていない。そしてこのナマの事物・事象（との出会い）こそが、われわれの「思考のみなもと、思考のプランクトン」だ、というのだ。

外部――事物・事象――と身体との界面で

現代の大量消費社会を「学校化された社会」とよぶ人がいるが（イヴァン・イリイチ）、事物・事象との直接的なかかわりが希薄になって、知識や概念だけで――それも「教えられた」知識や概念だけで――人びとが思考するようになった「アタマでっかち」な社会は、たんに学校教育が肥大化しているだけではなく、それが社会そのもののモデルになってしまっている、という意味で「学校化された社会」とよばれるのである。

学校化された社会における知識や概念には、いわば身体性が欠けている。「感」覚と「知」覚の分離が、病的に深まっている。「六根清浄《ろっこんしょうじょう》」というときの六根――いわゆる五感（感覚）の「眼耳鼻舌身」と、知覚に相当する「意」は、仏教ではひとつづきの認識のはたらきとしてとらえられているようだが、近年の認知心理学もまた、概念に依拠しない諸感覚が、たんなる刺激の入力にとどまらない情報探索とその識別のシステムであること、目や耳や肌そのものがいわば「思考」の器官でもあることを教えている。［注］

外部の事物・事象と身体との界面で、知性は行動的に形成される。感ずることと知覚すること、五感と知覚とが統合されたものとしてある、ということは、対象にたいする自分、自分との関係における対象の存在が、相互にかかわりあうものとして、つまり意味や価値をおびたものとして立ち現れている、ということでもある。世界にたいして、しっかりと触手が伸びている、といいかえてもよいし、ものごとへの関心がとぎすまされている、といってもよい。そういう事物・事象とのかかわり方が認識の原基であり、「思考のプランクトン」なのだ。

具体的な事物・事象への親炙《しんしゃ》、そのなかで培われる感覚と感覚、感覚と知覚のネットワークを資源とすることなしに、どんなにスマートな「知育」をどんなに効率的にくり広げたとしても、それは人間の創造的な思考を育てるものとはならないだろう。

「全身でわかる」とき、ドラマはおこる

三重県東員町教育研究の会編『地域はみんな先生——保幼小中を一貫する教育』（文理閣、一九七七年）は、学校と地域が連携して生活教育を創造した記録で、この種の実践としては先駆的なものといってよいだろうが、そこに記されている保育園児のエピソードは印象的だ。

Tくんは、二歳年下の弟と両親の四人暮らしで、家のまえが道路という事情もあって、三歳で保育園に入園するまで、家から一歩も外にでることもなく母親のもとで遊んでいた。ようやく泣かずに登園できるようになったものの、友だちとの関係もつくれず、経験がないため、手先を使う活動にも参加することができない。ほかの子が自分でつくったおもちゃで楽しそうに遊んでいると、何もいわずにとりあげたり、壊したりしてしまうのだ。「どうして」と話しかけても、うつ

むいて身体をこわばらせているだけ。

そんなある日、保育者は、砂場で友だちとむかいあってトンネルを掘っているTくんの姿を発見する。くりかえし掘っているうちにトンネルができあがって、土のなかで手と手がふれあった。その瞬間のうれしそうな顔。友だちの顔を見てニッコリと笑った、その一瞬が、Tくんの転機だった。翌日、その翌日と、やがてほかの子どもたちもトンネル堀りに熱中するようになり、「やったあ」「あくしゅでこんにちわ、ごきげんいかが」の歓声が砂場にわきおこるようになった。

これは小さなエピソードである。こんな小さな、遊びのなかの「出来事」が、大きく子どもを変えたのだ。

小中学校における「遊び」や「労働」の実践は、以下のような状況判断にうながされて、そのとりくみがはじまっている場合が多いようだ。

1　自閉的な子どもが多くなった。そのいっぽうで排他的な仲よしグループができたり、攻撃的・暴力的にふるまう子どもがいたりして、学級の人間関係がギスギスしたものになりがちである。
2　集中力が弱くなり、落ち着きがなくなった。
3　「勉強」にたいする強迫観念が、親のあいだにも子どものあいだにも強まっているが、実際には学習への興味や意欲は低下しており、不安のみが先行して、真剣に学習にとりくむことのできない子どもたちがふえている。

第五十三次教研集会の「総合学習」分科会で報告された北海道・蘭留《らんる》小学校のとりくみも、こうした現状認識に端を発するものであった。児童数わずか二十名の極小規模校であるにもかかわらず、かつての同校の子どもたちは、「表情は乏しく、与えられた枠から出ようとせず、『自ら考え行動する』ことが苦手で、子ども同士の人間関係にも陰が見られるなど、多くの問題をかかえていた」という。

子どもが楽しく遊ぶことのできる学校にするためにはどうしたらよいかを全校の教職員で話しあい、その結果としてはじまったのが、一連の「自然体験」学習であった。学校には「小鳥の村」という学校林が付設されており、そこが子どもたちの活動の場になった。

とはいえ、こうした「自然体験学習」によって、ただちに上記のような課題が解決されたわけではない。自然観察や「小鳥の村」での諸活動が、それほど子ども自身のものになっているとは思えなかったのである。「小鳥の村」は何かを調べるところ、図鑑をもって入る、かたくるしい場になってしまっていた。子どもが進んで入りたいと思う場所にはなっていなかったのである。

九九年時点で、教師たちは以下に報告されているような「活動の見直し」をおこなっている。

（福士恵子教諭のレポートから）

■「無駄な時間」こそ有意義な時間

三年生以上は「総合学習」、一・二年生は「生活科」の時間を使い、子ども達がどっぷりと「小鳥の村」にひたる時間をとる。形に残す・記録に残すことを意識せず、心も体も開放し「小鳥の村」に入ることは、一見無駄なように見える時間だが、子どもにとってはこの時間こそが有意義な大切な時間と考えた。

■子どもの「やりたい」や「疑問」を大切にし、「小鳥の村」でやってみたいことをしっかりと受け止めて子どもの学びの過程を助ける。

■従来通り笹刈りなどをして、子どもが「小鳥の村」に入りやすい環境整備に努める。特に夏季間はダニが多いので（中略）服装に気をつけさせる。

■発表する場の工夫

従来のように「開村式」で発表するのではなく、学級内で発表交流したり、「小鳥の村」の活動を掲示するパネル・「発見コーナー」を玄関ホールに設置し、そのつど発見し採集した物を展示したり、調査したものを掲示したりし、お互いの発見を交流するよう改善した。

たっぷりと自然にひたること、教師の「やらせ」を禁欲して、子どものイニシアティブを尊重すること、こうした軌道修正によって、子どもたちと森との関係は大きく変わっていった。最近ではダニもおそれずに「小鳥の村」に入りこんで、野草を摘んだり、池のカエルにさわったりする子どもたちの姿がめだつようになった、という。

遊びや自然体験を学校教育にとりこもうとするときに教員が陥りがちな陥穽《かんせい》に、蘭留の経験は光をあてている。

活動・体験の「全体性」がもつ力

活動・体験が学校のなかにとりこまれるとき、それはしばしば「教育目的」のための手段となり、活動そのものの「やりがい」や充足感、つまりは「全体性」が希薄なものになりがちである。「遊び」は、かつてオランダの歴史家ヨハン・ホイジンハが名著『ホモ・ルーデンス』のなかでのべたように、それじたいを目的とした自由な行為であって（ホイジンハは「効用をもたない」といっているのだが、これはいいすぎかもしれない）、自由と任意性こそが遊びの深い歓びの源だろう。

与えられた目的のための、「ためにする」遊びには、子どもは没入しない。遊びのなかで、子どもはすべての精神をそこにかたむけて、感じ、考え、行動するのだが、おなじ遊びであっても、それが功利主義的な「教育目的」に従属するとき、人を全面的にとらえる遊びという行為の底深い魅力が、なかば気の抜けたものに変質してしまう。

そのことに気づいた蘭留小学校の教員たちは、近視眼的な「教育目的」よりも、あえて遊戯性を重んずるという、大胆な選択をおこなっている。「鳥はかせ」になることよりも、見栄えのよい「発表」をまとめることよりも、自然をめいっぱいに楽しむことを「自然体験学習」の第一の目的としたのである。

新教育における事物教授や体験学習のありかたを批判して、それらの活動には「全体性」が欠けていると指摘したのは、ジョン・デューイであった。「活動的作業は全体に関わるものでなければならない」とのべたデューイは、さらにつづけて、こんなことをいっている。

教育にとって全体とは物理的な事柄ではない。知的には、ある全体の存在は、関心とか興味のいかんで決まる。それは質的なものであって、ある情況が人の心をひきつける力の完全さなのである。現在の目的と関係なく効果的な技能を形成することにあまりに一所懸命になりすぎると、つねに、目的から切り離された練習が考え出されることになる。

（『民主主義と教育』松野安男＝訳、岩波文庫。原書一九一六年）

遊びや労働、自然体験などは、これから学校カリキュラムのなかでさらに大きな位置をしめるようになるであろうが、蘭留小学校の報告がいうように、それらは、まずは子どもたちが深く集中してうちこめる活動であること、活動の目的が子ども自身のものになっていて、子ども自身によって、目的とそのための過程とが統一されたものとして意識されていること、他者との豊かなかかわりがふくまれていること、つまりはデューイのいう「全体性」が具備されていることが重要だろう。

その意味では、労働もまた――いや、労働こそが、究極の遊び（遊戯）なのである。

経験の質――強靭で創造的な知性のための

このように、それじたいで人を全的にひきつける性質を、その意味での「全体性」を、作業的な諸活動はもたねばならないと、デューイは考えた。将来のなにかに備えることよりも、現在のそのしごとや活動が、子どもにとって「なすに値する」魅力をもち、たしかな手応えを感じさせるものとしてある、ということが重要なのだ。

当然のことながらデューイは、学校での活動的な諸体験（デューイは「社会的しごと」とよんでいる）が、その場かぎりの楽しさの追求、刹那《せつな》的な娯楽であってよいと考えていたわけではない。よき現在が、「よき」現在として価値づけられるのは、そこに、よき未来をうみだす力がはらまれているからである。楽しさ・快さのすべてが、そうした未来を生成する力をはらんでいるわけではない。楽しさの質が、つまりは経験の質が、問題なのだ。

デューイは、「経験」の思想家といわれている。教師が何を教えるかではなく、子どもが何を経験するかという一点に着目して、彼は教育を考察した。デューイによれば、経験というものは連続的であって、たとえ一見「刹那的」な経験であっても、それはのちの経験になんらかの仕方で影響をおよぼすものだ。ひとつの経験は、よかれあしかれ、つづいて起こる経験のなかに生きつづける。だから「経験の基礎の上に立つ教育の中心問題は、後続の経験のなかに多産的にまた創造的に生きるようなそういう種類の現在の経験を選択するにある」と、デューイはいう。(『経験と教育』原田実＝訳、春秋社。原書一九三八年)

これは、経験の発展という観点から、遊びや活動を批判的に識別し、選択することを主張するものだろう。

デューイより一世代後の新教育実践家、セレスタン・フレネなどは、もっと挑発的に、「子どもは労働を奪われているから、その模擬的な代替物として、『遊び』を遊ぶのだ」と激語している。労働と遊びを分離して、子どもをもっぱらホモ・ルーデンス(遊ぶ人)としてとりあつかうのが当世の流行だが、子どもには遊びの自然的欲求はない、「しごと」への欲求があるだけだ、というのだ。手ごわい素材を相手どって、ときには苦しい思いもして、なんらかの「よきもの」を創出する手応えをこそ、子どもは求めている、という。

心底から人を魅了する「遊び」の本源には、事物の抵抗とたたかいながら、その抵抗を逆用して、他者とともに世界を構築する「労働」の論理がはたらいている。遊びがたんなる「気晴らし」ではなく、真に子どもを熱中させる質のものとなるとき、その遊びはかぎりなく労働に、ただし――奴隷の労働ではなく――自由な労働に近接する。「後続する経験のなかに多産的・創造的に生きるような種類の経験」とは、そのようなハードな経験をいうのではないだろうか。

伝統的な教育が知識や知性を称揚して、感覚や感性を軽視してきた根拠のひとつとして、佐藤興文は、近代の科学知が感覚器官のはたらきを、もっぱら刺激の受容という受動的な位相でとらえ、事物の知に内包される感覚的な次元——いわゆる暗黙知——に無自覚であったという事情を指摘している。色・音・香り・味などの性質は、主観的・受容的であるとの理由で第二性質（ロック）として位置づけられ、知識・認識の立場から意味・存在を認められたのは、量と位置を主軸とする性質、すなわち延長・運動・形状などで、これらは第一性質と称せられたわけである。しかし、佐藤がいうように、たとえば「味」という文字をひとつとってみても、そこには「感じる」ことをモノやコトにたいする主体的なはたらきかけ、いいかえれば「経験のひらかれ」として把握する、もうひとつの立場が表明されているといってよいだろう。

たとえば吟味、玩味、賞味。たとえば味読、味解。たとえば味得、味到。たとえば趣味、興味、意味、醍醐味。例は芋づる式につぎつぎにあがってくるが、これらの「味」をたんなる「刺激の受容」とはいえないだろう。これらの一連の熟語は、感覚と知覚、主観と客観の相互乗り入れ、両者のダイナミックな相関の様相を語る語彙《ごい》である。人間の感覚によってよびさまされる事物のありよう、もしくは行動的に事物とかかわる主体の心身のはたらきが示唆されているのである。

そうした経験を獲得していく条件を組織だてることを、デューイは教育者の任務と考えた。具体的な事物・事象との自由な戯《たわむ》れをとおして、子どもはそれを「味わい」、経験の新しい地平をきりひらいていく。強靭で創造的な知性は、そうした経験をとおしてかたちづくられていくものだ。

[注]——ここでいう知覚とは、思考に媒介された認知行動を意味している。

4 架橋すること。経験と知識を、身体とことばを、個と個の学びを

手のことばと頭のことば

技術史家の中岡哲郎が通信制高校の生徒のための講演のなかで、職人のしごとを例に引いて「手のことば」と「頭のことば」について語っている。働きながら学んでいる高校生のために、「勉強とはこういうものだなと皆さんに考えてもらえるように」おこなった講演だという。

話の前半では「駒ケ岳」という地名（谷のむこうの嶺の残雪が馬の形になると農民は種まきをはじめる）や、ノーモンの棒（太陽の影が描きだす二次曲線を規準につかって方位と時季を、さらに地球の大きさをすら測って知った古代技術）を例にとって、自然との交渉のなかで、自然そのものが語りかけてくる「ことば」を聞きとることが「勉強」の本質なのだということ、「皆さんの労働の中で、ちょうど今日の話の影のように自然のことばに相当しているものは何だろうか、

そこに注目してみると思いがけない発見があるかもしれない」ことなどを語っている。

そして後半では、「人間が自然の側に働きかけることば」として、「手のことば」が問題にされているのである。

タバコで一服する機械工は、ライターやマッチなんぞはつかわない。針金をハンマーでパーンと叩いて、平たくなったのを立てて、またパーンと叩く。それを三回くらいくりかえすと、針金の先がボーッと赤くなってくる。「物理で学ぶ熱の仕事当量というやつです」。こうした手と身体のことばが、かつては、しごとの世界に溢《あふ》れていた。

中岡はいう。


歴史的に見れば人間は、頭のことばと手のことばを対等に使いながら自然に働きかけ、自然が人間に向って語りかけてくることばを、ある時には頭のことばで、ある時には手のことばで受けとめ翻訳しながら自分の知恵とし、役に立ててきたのです。

人間の知恵というものは頭だけで作られるのではなくて、このように頭のことばと手のことばが互いに補い合って作られてゆくのです。だから、頭だけ発達した人間、手だけ発達した人間というのは偏った人間であって、ほんとうに全面的に発達した人間を育てるためには頭のことばと手のことばを同時に並行して育てないといけない。こういうことを考えたのがマルクスとかルソーといった思想家です。労働の中で手のことばを育てつつ、通信教育で頭のことばを育てようとしている皆さんは、彼らの理想をめざしていることになります。私もそれが人間にとって一番望ましい成長だ、そういう人間を育てられる世界が一番望ましい世界だと思います。

（『科学文明の曲りかど』朝日新聞社、一九七九年）

この講演がおこなわれたのは一九七七年で、職場での労働のありようも、通信教育をうける生徒たちの層も、すっかり変わってしまっていることを私たちは知っている。だが、ここで語られている学びの理想は、ヒトをヒトとして育てる機能を手放してしまった現代社会のなかで、なお教員たちがめざし、模索しているもののなんたるかをしめすものでもあるだろう。

橋を架ける人としての教師――総合教育をめぐって

中岡のいう手のことば、あるいは身体のことばと、頭のことばを架橋していくこと、それが学校教育のほんらいの使命だろう。かつては労働や日常生活の場面でいわば自然に獲得されてきた前者を、今日、学校教育はみずからの与件としてあてこむことはできなくなった。そうした状況下で、遊びや労働、自然体験や社会体験が、学校教育におおはばにとりこまれることになった事情は、さきにのべたとおりである。しかし、そうした事情の有無にかかわらず、モノやコトとの接触・対話のなかで知識や概念を学ぶことは学びの王道であるはずで、その学びの大原則を私たちはあらためて再確認しているのだろうと思う。

ただし、「スリム化」するどころか、学校のしごと、教師のしごとは、質量ともに強化・肥大化しており、そうした条件をどう整備していくかが、避けて通ることのできない課題として課せられている。

教師の固有の役割としては、子どもたちの直接体験、感覚的な諸経験を、どのようにして知識や概念の世界につなげていくかという点での学習のデザイン能力、また、かならずしもこちらのデザインどおりには動いていかない子どもたちとの、しなやかな対応能力、思考の幅広さといったようなものが期待されることになるだろう。

そうした点での経験の蓄積は、教員総体のレベルでは、すでにかなりの成果が積み上げられていると確信してよいだろう。「進度」と「学力向上」を口実にしたチョークと黒板だけの単線的な授業が、多くの学校現場で近年ますます常態化していることは事実であるが、その反面、子どもたちの「いま」と深くきり結んだ「学び」の実践が、量的な広がりと質的な深化を達成しつつあることもまた確かであって、それは近年の教研集会のレポートからも、はっきりとみてとることのできる動向だ。

直接体験と概念的思考、感覚と知覚、手のことばと頭のことばを架橋する数多くの実践的な試みが、今年も各分科会で報告されている。それらをとおしてみえてきていることとして、つぎの三点を指摘することができるだろう。

第一に、どちらが原動力なのかはよく判らないが、総合学習と教科学習とのあいだに、一種の相互浸透がみられることである。

周知のように、総合学習では直接体験や活動的な作業をとおして、子ども自身が「問題」を立て、追究することが重要視されているが、そうした学びのスタイルは、本格的に総合学習にとりくんでいる教員もしくは学校現場においては、それぞれの教科学習のなかでも活かされ、総体としての学びを方向づけている。もしかすると、順序は逆なのかもしれない。教科においてすでに授業の変革が追究されているからこそ、総合学習へのとりくみが動機づけられ、あるいは可能になっている、ということかもしれない。

教科の授業の底が浅いと総合学習も発展しないという指摘は、教研の「総合」の分科会などでも、しばしばいわれていることだ。教科との関連を視野に入れることは、総合学習の活動が、ある種の体験主義に陥ることへの有効な歯止めにもなっている。「自然にどっぷりとひたる」ことは、おそらく、受動的に自然を享受するだけでなく、「問いを立てること」「自然の秘密を探ること」「事象と事象、事象と知識をつなげて考えること」、つまりは自然との「対話」や知的世界の構築という能動的な活動をそのなかにふくんだ経験としてあるはずである。「経験の発展」ということを考えると、総合学習と教科学習の結合という課題が当然のこととして浮上する。同時に、これはまた、さきにのべた「経験の手段化」の危険とも表裏していて、実践的にはむずかしい問題をはらんでいる。
いずれにせよいえることは、総合学習の導入が学び総体を問いなおす貴重な契機になっている、ということであって、それを活かして授業を変えている教師・学校現場と、そうでない個人や学校現場との、教育・学習をめぐる識見や力量の落差は、今後、大きく顕在化していくものと思われる。

第二に気づかされることは、地域に根ざした学習が多くなったこと、しかもその地域学習が急速に質を高めている、ということである。さきの紀伊長島・赤羽中学校の実践はその一例である。当然のことながら、環境・公害部会で報告された実践はそのほとんどが地域学習で、地域のアクチュアルな問題にとりくみながら、そのことを通じて、自然認識や社会認識を深める活動がおこなわれている。歴史認識の部会でも、富士川沿いの「駿州往還」を題材にした山梨の身延《みのぶ》中学校の調査・体験学習、矢作《やはぎ》川流域の綿作を主題にした愛知の矢作東小学校など、「地域から」の視点をいかした興味深い実践が多かった。後者は宝暦七年（一七五七年）の洪水で土砂が堆積した水田で、幕府の命にしたがってなお「米」をつくるか、それとも商品作物の「棉」にきりかえるかを、当時の政治的・経済的力関係と農民の願いに思いをいたしつつ、子ども一人ひとりが「決断」するという授業で、歴史を当事者たちの decision making に引きつけてとらえるという手法がつかわれている。こうした地域に立脚した教材開発が、各地の現場でさかんにおこなわれているようだ。

「地域に目が開いたとき教員は教員になる」と、第五十二次教研・理科教育分科会の総括で助言者の盛口襄《じょう》はのべているが、理科においても地域学習が授業変革の大きな糸口になっていることを指摘したものだろう。生活と科学、直接体験と概念知、ミクロな知とマクロな知をつないでいく土台は、どうやら地域にあるようだ。

地域から、というとき、それにともなって、学校と地域との連携という課題が浮上してくる。教員は転勤していくから、地域にとっては外部者である。その外部者である教員がコーディネーターとしての役割をはたしながら、地域の市民とともに、地域の教育力をどう掘りおこし、活かしていったらよいのか。住民の学びと教師・子どもの学びをどう結びつけていくか、ということともかかわって、これも、今後の試行錯誤が必要だろう。（総合学習の「正式名称」は「総合的な学習の時間」）

授業のなかで、個と個の学びをつなぐ

最後に、教研集会のなかでしばしば語り交わされてきた第三の問題点、もしくは課題について一言したい。最後に、とはいえ、じつは最大の課題である。

第五十二次教研の総合学習分科会で、三重県・北勢中学校の児玉弘明教諭が「個をつなぐ授業」という報告をおこなっている。児玉は、そのなかでつぎのようにのべている。

私たちは、生徒どうしの関わりを深めること、すなわち仲間づくりを大切にしてきた。生徒どうしの関わりが深まり信頼しあえる関係ができれば、安心して学校生活を送ることができるし、もっと自分を伸ばそうと積極的に動くことができるようになる。生徒をつなぐことができれば、お互いの関わりの中で成長していくことができるのである。

私たちはこれまで、ホームルーム・行事・部活動・班ノート・学級通信・休み時間などあらゆる機会を使って関わりを深めることに努力してきた。しかし、その努力にもかかわらず、希薄な人間関係を改善できずにいた。そこで、学校生活のほとんどをしめる「授業」という時間の中で継続的に生徒をつないでいくことをおこなっていかなくてはこの問題は解決できないと考えるようになった。この考えが「個をつなぐ授業」の出発点となっている。

基本的に教師対生徒のやりとりであった授業の重心を、生徒と生徒の「話しあい」に移していく、という仕方で、おたがいの考えをだしあい、聞きあう授業のスタイルをつくっていく、というのが、児玉が報告している北勢中実践の基本線と思われるが、そうした生徒の話しあいが成り立つためには、まず個のレベルで「調べ」なり、「観察」なり、「思考」なりがおこなわれていなければならない。つなぐべき自立した項として、「個」がなくてはならず、個人学習の重要性が浮上してくるのだ。

同年の理科教育分科会で、長野県・飯田東中学校の桐生徹教諭は、自然観察の過程で生徒どうしがおこなっている情報交換について報告し、大約、つぎのような指摘をおこなっている。

授業を子ども主体のものにするために、一斉授業ではなく子どもどうしのコミュニケーションをとり入れた協同的な形態での学習をデザインできないかと考えた。久田隆基によると、子どもどうしは「仲間と協力して学びあう力を育む」ことを積極的に評価し、教師の授業観とのあいだにはズレがあるという。「自然の事象」と接した場合、子どもは多かれ少なかれ、ことばを漏らす。子どもどうしで情報を交換しあう行為をしたがる。これは自分の論理ができあがっていない段階では、自分が不安で不確かであるために他の子どもに聞くことであったり、自分の論理をより確かなものにするために人に聞いてもらう行為であったりする。そのひとつの表われとして「つぶやき」がある。この「つぶやき」を教師は、従来も授業にとり入れてきたが、授業進行上つごうのよいものをとりあげて、そうでないものは私語として排斥する傾向がつよかった。

仲間との対話は、授業のなかでは、教材との対話によって導かれる。桐生教諭の授業では、生徒たちはまずナズナの花のつくりを班の仲間と観察し、気づいたことを話しあう。「ナズナのハート形の正体が花びらを落としたメシベであることを突きとめた子どもは、他の花の中にも同じ構造がみられるかを、各自でとってきた花を分解して突きとめる」。タンポポの葉の予想図を描き、野外観察で実物を見て比較する、というようなこともおこなわれている。こうした観察によって「先入観念、つまり思いこみが、『観る』行為をたんなる『見る』行為にとどまらせることが明らかに」なる。授業のハイライトは野外観察で見つけた植物に自分なりの名前をつける、という活動である。どこに注目して命名したか、その名が妥当かどうかが、グループ内で検討される。和名を知りたいという欲求が昂じる。

桐生の報告のひとつの特徴は、クラスのなかのひとりの生徒（成績は中くらいの生徒だそうだが）に的をしぼって、彼の毎回の感想をもとに、この個人の学びの軌跡を追っていることである。相互の学びあいのなかで、個人のなかに何がおこったかを通時的に跡づけているのである。こうした授業記録のスタイルにも、注目したい。

調べてわかったことを、どう「発表」するか

個の学びを結ぶ、という課題とかかわって、各個人の「調べ」や「考え」を発表するときの「発表」のありかたが工夫されなければならないだろう。

まえにのべたように、個と個の学びを結ぶためには、それぞれの個がなにかしら「土産」を用意して教室に臨まなければならないが、その「土産」の差しだし方のいかんによって、共同学習の成否は大きく左右されるもののようだ。各人が自分の調べてきたこと、見てきたことをただ

「発表」するだけでは、相互の「付け合い」をともなう共同思考は成立しがたいもののようだ。

私が昨年、参観する機会をえた神奈川県三浦市のある小学校の総合学習の授業では、自分たちの日ごろつかっているサッカーボールが、じつはインド、パキスタンの子どもたちの低賃金労働によってつくられたものであったという事実を基軸にして、子どもたちが南と北の関係を討論する授業であったが、それぞれに綿密な調査をおこなったうえで授業に臨んだと思われる子どもたちが、しかしそれを一挙に披露するのではなく、話の展開をみながら必要な瞬間に必要なデータを小出しに差しだしていくことに、私はいささか驚かされた。大学のゼミ討論こそ、こうありたいと思っているのだが、残念なことに、この小学生たちの足もとにもおよんでいない。

だが、こういう実践が各地で芽をのばし、ものごとを深く追究し討議する子どもたちが着実に育っていることは、私たちの社会の大きな希望だろう。おたがいの実践を深め、経験と経験をつなぎながら、こうした流れをもっともっと強くしていきたいものだ。

＊——本章の第2～4節は、日本教職員組合・国民教育文化総合研究所「学びの論理と文化」研究委員会の研究報告書、『学びと教えの分裂をどう超えるか』（二〇〇四年五月）よりの再録である。二〇〇二年から二〇〇四年にかけての二年間、私はこの研究会に参加した。同研究会と組合員のかたがたのサポートによって、本章の、さらには本書の基本構想がかたちづくられたことを、感謝とともに記しておきたい。

「あしたの授業」を考える――③

「国語」教育の内と外――他教科とリンクする「読み」の試み

テクストの内と外、あるいは教科の内と外

最近の「国語」教科書で文学教材がへって、説明文・論説文のたぐいがおおはばに比重をましていることについては、私はかならずしも肯定的な評価はしていないのですが、しかし、各社の教科書に採録された文章には、私のように地歴公民科や社会科にかかわっている者にとって、ひじょうに興味深いものが多いのです。「国語」教科書が、社会科教育の授業のための格好な副教材を提供してくれているように感じられて、皮肉ではなく、たいへんにありがたく思っています。動植物の生態や地球環境をとりあげた文章も多く、理科の教員なども、おなじような感想をもっているのではないでしょうか。

ただし、教科の縄張り意識のようなものがはたらいていて、理科や社会科のなかで「国語」教科書が活用されたという話はあまり聞きませんし、「国語」の授業のほうは、「国語」科の専門性にこだわってのことでしょうが、テキスト（教材）の語法や語句の吟味、形式的な段落わけに終始する授業が一般的で、書かれている事実や知識内容についての踏みこみが概して不十分です。

フィクションならば、書かれたことば、すなわちテクストだけを論拠にした授業が可能ですし、そのほうが望ましいとさえ、私は思っていますが、自然や社会についての具体的な事実を論じた教材の場合、それではすまされないはずです。「ことば」への注目と、そのことばによって書かれている「事実」への注目とが、相互に介入しあわないと、「ことば」の読みじたいが不十分なものになってしまうのではないでしょうか。

テクストの内と外は、「読み」にまつわる難問のひとつです。どんなに具体的な「事実」をとりあげた作品でも、テクストはことばで構築されたひとつの「ストーリイ」なのであって、それはテクストの「外」部の事物の世界にたいして、相対的に自立しています。「国語」科の授業の中心的な仕事は、テクストの「内」部の構造に注目し、これにたいする批判的な感受性を鍛えていくことでしょう。私が文学教材の後退をかならずしも肯定的に評価しないのは、そうしたテクスト感覚を磨くためには、虚構性の高い文学作品のほうがよりふさわしいと考えるからです。いわゆる「説明的文章」

の場合、テクストの外部の比圧があまりに高く、それについての踏みこんだ知識や洞察がないと、テクストの内部の構造を批判的に読み解き、読み破ることはむずかしいのです。

しかし、ひるがえって考えると、どんな種類のテキストであろうと（文学作品であろうとなかろうと、ということですが）、テクストにたいする読み手の「関心」は、テクストに外在する事物や経験の世界に究極の根拠をおいているわけですから、読み手の側の知識や経験、そのコンテクストが希薄であったり、狭小であったりすれば、テクストをひきよせ、それを自分にとって意味あるものとして立ち上げることは困難である、ということになります。テクストとの対話は、コンテクストとの対話によって動機づけられ、またそれを動機づけています。

このところの一連の指導要領改訂には、卑俗な実用主義にもとづいて文学教材を周辺化しようとする不当な力がはたらいていて、だからけっして手放しに歓迎はできないのですが、自然や社会について書かれたエッセイ的な文章が教科書に多く採り入れられるようになったことじたいは、「国語」教育にとってかならずしも否定的に評価されるべきことではないでしょう。「国語」教育を「総合」的な学習にリンクする、ということも、積極的にうけとめてよい挑戦だと思います。学校現場で総合学習にもっとも消極的なのは「国語」科の教師たちだともいわれていますが、教科の枠のなかで自足した「読み」の指導によって、読解力が形成されると考えるのは幻想でしょう。「総合」的な学習にリンクするということは、いわゆる総合学習の時間で何をするかということに収斂《しゅうれん》されるわけではなく、むしろ、それぞれの教科の授業の内容を総合的な視点でつないでいく、ということだろうと思います。その過程で教科の相互乗り入れがもっと活発におこなわれていく必要があるのではないでしょうか。

「魚の感覚」――このタイトルをなんと読む？

理科や社会科の授業のなかでも、もちろん、いろいろな読みものや写真が資料としてつかわれますが、国語の授業が「何が書かれているか」を二の次にして「どう書かれているか」ばかりを焦点化する傾向があるのとは逆に、理科・社会科では「何が書かれているか」「何が映されているか」ばかりを問題にして、「どう書かれているか」「どう映されているか」の吟味がしばしばなおざりにされていくようです。

社会科の授業では、歴史的事件の現場や日常の生活風景を活写した貴重な写真がしばしば提示されるのですが、それらの写真をていねいに「読む」という作業がおこなわれていないために、図像のなかにはらまれている意味や問題を、生徒がみずから発見し汲み上げていくのではなく、たんに先生の「お話」を補足する挿し絵として利用されているにすぎないことが多いのです。

その点では「国語」の授業のなかでおこなわれている「読み」の実践から、他教科の教師たちは、もっと多くを学ぶべきだろうと思います。自然や社会について論じた国語教材が多くなっているのですから、なおさらです。

ひとつだけ、具体例をあげましょう。小学校五年生の教科書に「魚の感覚」というエッセイがのっています。魚類研究で著名な末広恭雄氏の文章です。この教材については阿部昇氏が『文章吟味力を鍛える』(明治図書、二〇〇三年)、「説明的文章『魚の感覚』をどのように授業化するか」(科学的「読み」の授業研究会研究紀要Ⅱ、二〇〇〇年)などで、授業化の実際の手だてについて、議論を展開しています。阿部氏のいわゆる「吟味よみ」の方法から、専攻領域を異にする私は、多くの刺激と示唆をえています。

たとえば、この教材の題名「魚の感覚」ですが、阿部氏はまず、この「魚」をどう読むのか、を問題にします。「さかな」なのか、「うお」なのか。いろいろな辞書を比較します。その結果としてわかってきたことは、「うお」が「水中をすみかとし、主としてえらで呼吸し、ひれで運動する脊椎動物」、すなわち生きものとしての魚類を意味しているのにたいして、「さかな」のほうは、人間の食べものとしての「魚」を意味している、ということです。筆者自身、この題名の「魚」に、「うお」というルビをふっているようです。重箱の隅をつついているようにもみえるこの語彙《ごい》調べから、いっきょにエッセイの中心主題が浮かび上がってきます。人間の都合や効用という「人間中心」の観点から魚をみるのではなく、生きものとしての「うお」の観点にたって、その魚という生命主体が世界をどう知覚しているかを論じようとしている、と思われるわけです。

テクストの割れ目を読む

本文を見ますと、冒頭、「金魚ばちのなかで、金魚が、無心に泳いでいます」とあり、末尾は「水の中を無心に泳いでいるとしか思えない魚が、こんなすばらしい、いろいろの感覚をもっているというのは、おもしろいではありませんか」で締めくくられています。この二文にはさまれるかたちで、魚の視覚・聴覚・嗅覚・味覚にかんする、さまざまな実験例・観察例が紹介されて、それがエッセイの本体をなしているわけです。

「無心」ということばがつかわれています。「無心に泳いでいる」というのは、じつは人間にそう「思える」ということでしかなく、魚には魚なりの都合があり、感覚がある、ということなのでしょうか。授業化にあたっては、「魚」と同様に、「無心」ということばについても、語彙調べが必要でしょう。「無心に泳いでいる」という記述を筆者が最終的にどう考えているのかは、もうひとつ判然としないのですが、筆者はどうやら、魚に「心」があるとは考えていないようです。「感覚がある」ということと、「心、もしくは心のごときものがある」という命題とのあいだには、かなり大きな開きがあります。

かつてヨーコプ（ヤーコプ）・フォン・ユクスキュルは、名著『生物から見た世界』に、こんなことばを記していました。

生理学者から見ると、あらゆる生きものは、彼の人間世界のなかに存在するひとつの物体である。彼はちょうど技術者が未知の機械を研究するようなぐあいに、生物の器官とその共同作業を調査する。生物学者はこれに対して、あらゆる生物はそれぞれ独自の世界に住んでいて、その世界の中心はその生物自身であることを語ろうとする。つまり、生物は機械と比較されるのではなくて、ただ機械を運転する機関士にたとえられなければならないというのである。

（日高敏隆・野田保之＝訳、新思索社。原書一九三三年）

「魚の感覚」を紹介する筆者の視点が、「生理学者」のそれなのか、「生物学者」のそれなのか、判断のつきにくいところもあるのですが、紹介されている実験例やそのとりあげ方から推《お》すと、どうも前者の視点で、「受容器」としての生物の感覚器官の性能が論じられているように思えてならないのです。魚の感覚が論じられてはいますが、魚はやはり人間の「観察」と「分析」の対象、ユクスキュルのいう「物体」であって、魚から見た世界が問題にされているわけではない、というべきかもしれません。

批判読みとしては、その点の吟味こそが重要だと私は思います。「紀要Ⅱ」の阿部論文では、この教材の「吟味よみ」の授業展開がモデル化されています。本文は色・音・においなどにたいする魚の識別力を問題にして、魚にはそれがあるといっているわけですが、阿部氏の「吟味よみ」の授業は、その論証の妥当性、論理的な不備の有無を子細に吟味し分析しています。本文があげている観察・実験例だけでは、「魚が音を聞きわける」とはかならずしもいいきれないことが炙《あぶ》りだされていくのですが、形式的な論理整合性の詮議に生徒の関心が集中すると、かえって大きな問題をとり逃がすことになるのではないかという印象を、率直にいって、私はもちました。

魚の聴覚をのべた部分に、ラドクリッフ博士のことがでてきます。博士は鱒《ます》のたくさんいる川で鉄砲を撃つ実験をしたのですが、魚が反応しないので、「鱒は、音が聞こえない」という説を発表したのです。教会の鐘の音を聞いて、養魚場の鱒が餌場に集まると聞いても、博士はどうしても、それを信ずる気にはなれなかったようです。

鐘の音ではなく、鐘にあわせて餌をもって現れる番人の〈影〉に、魚たちは反応したのだろうと博士は考えたのです。

このラドクリッフ博士のエピソードで考えておかなければならないことは、博士の鱒たちは、はたして鉄砲の音を「聞いた」のかどうか、ということです。本文には「ラドクリッフ博士も、これを見て、自分の考えを変えないわけにはいきませんでした」とあるのですが（博士は隠れたところから鱒を観察して、その動きを確認した）、鱒が教会の鐘の音を聞いて結集してくる姿を見たとしても、おなじ鱒が鉄砲の射撃音にはまったく反応しなかったという、かつて博士が目撃した事実は消えずに残るはずなのです。末広氏のこのエッセイは、このくいちがいと、それがなげかけている問いを不問に付しています。

これはもしかすると、筆者が魚の諸感覚を、刺激を受容するたんなる機械的な装置（反射弓）とみなしているからではないでしょうか。生命主体としての魚と、その魚の「環世界」（ユクスキュル）との対位法的な関係からきり離して、魚の一つひとつの感覚を、抽象的な性能に還元してとらえてしまっているからではないでしょうか。感覚器のどのひとつをとりあげても、機械の性質をおびている箇所はないと、ユクスキュルは主張していますが、これは今日のアフォーダンス理論をさきどりした指摘ともいえます。鱒に鉄砲の音が聞こえなかったのか、聞こえたけれども反応しなかったのか、よくわかりませんが、どちらにしても、自分にとって関係のない音は、有意な信号としては感受されていないのです。なんらかの基準にもとづいて、魚たちは、聞くべき音を選びとっています。そういう仕方で鱒たちは、みずからの知覚の世界、意味によって満たされた世界、ユクスキュルのいう環世界 Umwelt を構成しているのではないでしょうか。

「ことば」の能力は「環世界」によって解発される

どの教科でもそうなのですが、私たちは子どもの能力というものを、あまりにも要素主義的に、そうした能力を解発する場面ときり離して考える傾向があります。どのような場面で、どのようなコンテクストのもとにおかれたときに、魚の聴覚が解発されるのか（されないのか）を考慮せずに、どんな高さの音ならば聞きとることができるかを能力主義的に分析することに終始した、かつての科学者たちのように。

人間は言いたい相手があり、言わねばならぬことがあるから言うのであり、聞きたい相手と聞かねばならぬことがあるから聞くのだと思います。そのための場と無関係に、抽象的に話す力や聞く力、読んだり書いたりする力があるわけではないはずです。言語の発生の場である人間と人間の関係性を貧困化し、事物とかかわる活動から人を疎隔しておいて、「言語能力」だけを伸ばすというのは、そもそも無理な相談です。「国語」教育を総合学習にリンクする、ということは、豊かな言語活動の場、読書とコミュニケーションを真に必要とする状況を、教科横断的・境域侵犯的に学校のなかにつくりだしていく、ということでしょう。教科という制度のなかにたてこもって、国語「学力」などという概念を振りまわすのは不毛な独善だと思います。

＊初出——科学的「読み」の授業研究会＝編『国語科の教科内容をデザインする』（学文社、二〇〇四年）

「あしたの授業」を考える―④

粉《こな》の文化と粒《つぶ》の文化――フレネ教育・授業づくり交流にむけて

以下のエッセイは、雑誌『食農教育』創刊号（農文協、一九九八年夏）に掲載されたもので、編集部による「まえがき」が添えられている。

「小麦や米など穀物の栽培から、調理・加工、食べることまでの学習は、世界に広がっている。たとえば小麦の製粉を学ぶことは、歴史や社会の探究につながる深い教育力をもっているからだ」

この年の七月、フレネ教育を実践する教師たちの大規模な国際集会、「RIDEF1998」が日本でおこなわれることになっていて、当時の私は全力投球でその準備にあたっていた。私たち実行委員会の何人かのメンバーは、この集会の一分科会として、「穀物」をテーマにしたワークショップを計画していたのである。十日間にわたるワークショップで実際に何がおこなわれたかについては、報告集「学びの地平を拓こう」全二巻（資料集成編および感想文集、現代学校運動JAPAN＝発行）に詳細な記録があるので、そちらをご参照いただきたい。

フレネ教育とはどんなものか

フレネ教育とよばれる教育運動があります。セレスタン・フレネ（一八九六—一九六六）というフランスの農村教師の名にちなんで、そうよばれているのですが、彼の思想と実践に共鳴する教師たちが、フランスだけでなく、ヨーロッパやラテンアメリカにも輩出して、各地でさまざまな活動を展開しています。現代の代表的な新教育運動のひとつといえましょう。

フレネ教育の実践のレパトリーは多岐にわたりますが、いちばんよく知られているのは、自由作文と学校印刷機でしょう。自由作文というのは、子どもたちが書きたいときに書きたいテーマで自由に書く詩や散文なのですが、書かれた文章を読みあい、活字をひろって組み、印刷し、本や新聞にしていく活動が、フレネ教育の柱になっています。

フレネが活字盤と印刷機を教室にもちこんだのは、一九二〇年代の半ばのことです。プロの業者がつかう本格的な印刷機でした。山村の子どもたちが、自分たちの手で本を印刷し、出版できるなどと、だれが夢想したことでしょう。教壇はとりはらわれて、子どもたちの作業台になりました。生徒たちが座って黙々と（?）先生の声に耳をかたむける教室が、子どもたち自身の「仕事場」に一変したのです。自由作文はまた、自由研究へと発展していきます。

こうして制作された本や新聞は、ほかの地域の学校に送られて、子どもたち相互の交信がはじまります。自由研究の成果は、小冊子にまとめられて、ほかの子どもたちのための楽しい読みものになっていきます。フレネ教師たちの連合体であるC. E. L（coopérative d. éducation laïque　世俗〈非宗教〉教育協同組合）は、これをもとにして、シリーズもののブックレット、Bibliothèque de Travail（BTと略称、学習文庫）を公刊していますが、その総点数はおそらくもう四ケタに達しています。

小麦の製粉から、大陸の「粉の文化」がみえてくる

そのフレネ教師たちが、この七月に日本で国際集会を開きます。二年に一度、全世界のフレネ教師たちが集まって、生活をともにしながら、いっしょに作業をしたり、経験を交流したりするのですが、今年はそれを日本でおこなうことにしたのです。七月二十二日から三十一日までの十日間、会場は埼玉県飯能市の自由の森学園を予定し

ています。東西ヨーロッパ、中南米などから約百五十人が参加します。

この集まりでは、いろいろなワークショップがおこなわれますが、そのひとつとして、私たち日本の教師は、「粒の文化と粉の文化」というアトリエを開きたいと思っています。ＢＴのひとつに「粒《つぶ》から粉《こな》へ」という小冊子があり、子どもたちが小麦を作付けして、製粉するまでの過程が記録されているのですが、アジアの「粒の文化」のことなども視野にいれて、その文脈をより豊かなものにしたいのです。

小麦は、学習材として、たいへん価値の高いテーマです。

たとえば、うどんです。うどんはいまでこそ、ごくありふれた食べものになってしまいましたが、かつてはハレの日でなければ口にすることのできないご馳走だったようです。小麦を碾《ひ》き臼《うす》で粉にしてみれば、その理由はすぐにわかります。ふたりがかりで、へとへとになるまで碾《うす》をまわして、挽《ひ》ける粉のなんとわずかなことか！ もっと原始的なサドルカーンをつかって製粉したら、作業はさらに困難です。古代エジプト人が食べていたパンは、こんな道具で製粉されていたのです。（もっとも、古代エジプトのパンの大部分は大麦をつかっており、小麦粉のパンは貴人用・儀礼用であったようです。）

小麦というのは、ほんとうにやっかいな穀物です。文字どおり、煮ても食えない代《しろ》物《もの》なのです。雑穀ならば、粒の状態のまま多量の水のなかで煮こんで、粥《かゆ》にして食べることができますし、粉にするのも比較的、容易です。大麦は二度炊きが必要ですが、なんとか粒の状態で食することができます。しかし、小麦を粒のまま食べるのは、ニワトリくらいのものでしょう。

小麦は外皮が硬くて、その外皮の内側に白いでんぷん質がつまっています。この外皮をくだくために、大きな力を加えなければならないのです。畑作地帯の中国の華北では麺やマントウが主食とされていますが、小麦をつかうそうした食品類が人びとの日常食になっていくのは、碾（臼）が普及した唐代以降のことでしかありません。この小麦のあつかいにくさこそが、畜力・水力・風力などの利用と、そのための機械の発達につながっていくのです。

こうしてつくられた小麦粉は、発酵させてパンに焼くこともありますし、うどんやチャパティのように無発酵で食用にすることもあります。製パンとぶどう酒の醸造は、どちらも発酵を利用するという点で、おそらく同根でしょう。小麦粉のいろいろなつかわれ方を調べたり、実験したりするのも楽しい作業です。BTのタイトルには、「粒から粉へ」のほかに「風車」「パン屋の話」「パンの歴史」なども入っていて、フレネ教育のこの方面での蓄積の豊かさをしめしています。

コメや雑穀の「粒の文化」を重ねあわせる

粒で食べる穀物の代表は、なんといってもコメ。

日本のご飯の炊き方は、ヨーロッパの子どもたちにとっては、きっと興味深いものになると思います。粒のままとはいっても「炊く」となれば、それなりの装置が必要です。薪でがんがん「焚《た》く」わけですから、弱い土器では、ご飯はこげ、土器じたいもすぐに割れてしまいます。鉄製の鍋か、釜が必要になってきます。そうした条件がととのう以前は、コメも、雑穀のようにおかゆにしたり、おこわのように蒸して食したりしていたのではないでしょうか。

いまでも東南アジアでは、湯取り法といって、たっぷりと水を入れた鍋にコメを入れて、すこし芯を残すくらいのところまで煮て、ネバネバの煮汁のほうは捨ててしまう、という炊き方を残しています。そのあとで、火を落として、さらにすこし蒸すのです。そうすることによって、インディカ米のさらりとした食味をうまく引きだしています。これはおかゆの調理法のヴァリエーションでしょう。

コメも、粉にしてつかうことがあります。お団子がそうです。日本のお餅は、蒸したコメを杵《きね》と臼で搗《つ》きますが、韓国の餅は、水挽きにしたもち米を蒸すのだそうです。

餅や煎餅《せんべい》をパン、チャパティ、あるいはトルティージャと比較しても、きっと面白いでしょう。そんなことを、各国の教師たちといっしょにいろいろやってみて、そのプロセスと結果を、できたら、小冊子として作品化したいのです。

いわゆる「文明」は、穀物栽培とともに成立したといわれています。

こんどのフレネ教育の集まりには、中南米の教師たちも参加します。かれらもまた、その主穀であるトウモロコシを、授業や自由研究のテーマとしてとりあげているはずです。トウモロコシ、コメ、小麦など、さまざまな穀物の栽培とその加工を比較しながら、人間の文化について考える、そんな学習の可能性をいっしょに探っていきたいと思っています。

第三章　学校でこそできること

1 生活知から概念知への「渡り」について——タイの子どもと学校

遊び・しごと・暮らしが渾然一体の世界

タイに通いはじめて十五年あまりになります。はじめてこの国の村を歩いて、とりわけ印象深かったのは、子どもの目の輝きと食べものの美味しさでした。

子どもの身のこなしの闊達《かったつ》さには、しばしば驚かされました。自然の一部になりきっているかのようです。雨季の田圃《たんぼ》のあぜ道を歩いていると、用水路に小さな子どもがたったひとりで漬かっていたりします。魚かカエルか、何かをつかまえようとしているのでしょう。子ども自身がカエルのように見えました。

子どもたちは家族のだいじな労働力の一部です。ほんとうによく手伝っています。女の子は水汲み、男の子は水牛の世話が、もっとも重要な役目です。天秤の両端にバランスよく水桶をのせて運ぶのは重労働ですが、それなしには一日の生活はなりたちません。だが、水汲みや水牛飼いの時間は、子どもたちにとっては道草遊びの時間でもあって、タイの農民は大人も子どもも、いたるところに「遊び」を見つけだす天才のようです。

カエル捕りや魚とりもしごとといえばしごと、遊びといえば遊びで、捕った魚、カエル、摘んだ野草は、夕ご飯の食卓にのぼります。村によっては糸紡ぎや機織《はた》りが、すこし年長の女の子たちの趣味・しごとになっています。

虫や植物についての知識の豊富さにも圧倒されました。いっしょに道を歩いていても、ぼくらのように漫然と歩いているのではないのです。ぱっと駆けだしていって、果実のなっている樹によじ登って、実を落としてくれたりします。道端の草木の名をいって、食べられるとか、お腹をこわしたときの薬草だとか、いろいろ教えてくれます。

田舎の食事の美味しさには、こうした暮らしのスタイルが反映しています。ほとんどの食材が土地のもので、逆に、その土地のものはすべて利用する、という原理で食生活がなりたっています。オタマジャクシやカエルも食べますし、おおかたの虫も食べます。野草や木の葉も、スープなどの香味として多用されます。

着るものや道具類も、かつては大部分が自給されていました。ぼくが毎年訪ねている村では、棉の栽培から、種の除去、カーディング、糸紡ぎ、機織り、藍の栽培、染色、縫製までの綿業のすべての工程が、村の内部でおこなわれています。藍染でつかう石灰などはカタツムリの殻からつくるのですが、カタツムリやタニシを集めるのも、かつては子どものだいじなしごとでした。ガンディが夢見ながらインドでははたせなかったカーディ運動の理想が、いろいろと困難はあるのですが、とにかくこの村では実現しているのです。

こういう村に身をおいていると、人間は地面の上で生きているのだということが実感されます。人間の暮らしのおおもとが、はっきりと見えるのです。学生たちと毎年、タイの村におじゃましているのは、私たちの日常生活のなかでは、そんなあたりまえなことがひじょうに見えにくくなっているからです。

いっぽう、学校の授業は一転して

タイの学校に目を転じると、かなり対照的な風景に出会います。

教科書の暗誦を中心にした、ひじょうに伝統的な教育がおこなわれています。先生の権威は強大で、しつけは行き届いているようなのですが、ふだんの暮らしのなかで子どもたちがしめす、あのいきいきとした活力や集中が、すくなくとも授業という場面ではあまり見られないのです。多くの子どもたちは、教科書の文字をもくもくとノートに書き写すこと、声をあわせて一種独特な調子で教科書を斉唱することが、「勉強」だと思っているのではないでしょうか。

地域の自然や生活と、学校の教育内容とのかかわりも希薄でした。そもそも、学校でつかわれることばと、暮らしのなかのことばが、ぜんぜんちがっているのです。地域のことばであるイサーン語が、作文でつかわれることはありません。書くときはすべてタイ語です。だから、子どもたちの作文には「会話」の場面がまったくでてきません。子どもたちの文章が型にはまった説明的な文章になってしまうのは、当然のことでしょう。

こうした硬直的な学校教育のありかたに疑問を感じている村の人たちと、ぼくたちはここ十年ほど、毎夏、子どもたちとのワークショップを開いています。今年のテーマは「よい土、悪い土」「木からセッケンをつくる」「木から灯油をつくる」でした。昨年は「田圃の生き物たち」「花と虫」など、村の自然や文化からとっています。その土地の事物そのものを学習材にする、ということと、子ども自身が身体をとおして学ぶ、ということを原則にしています。

はじめのころ、学校は、こうした試みを冷眼視していたようです。ところが、ここ数年、風向きが変わってきました。ワークショップの大人の参加者のなかに、学校の先生の顔がちらほらと見られるようになり、一昨年あたりからは、学校推薦でワークショップに参加する子どもたちが多くなりました。タイの教育政策の変化が反映しているようです。一九九二年の軍事政権打倒、一九九七年のバブル経済崩壊など、いくつかの契機があって、タイ政府はかなり急進的な「上からの民主化」政策をすすめており、教育についても従来の硬直的な教育制度の見直しがおこなわれています。日本でいう生活科、総合学習のようなものも導入され、地域に学ぶ、ということがスローガンとしてうたわれています。

反面、皮肉なことに、村の子どもたちの生活環境のほうは、かつての豊かさを失いつつある、といってよいようです。水牛の姿も、水汲みの風景もすくなくなりました。子どもたちはテレビに釘づけになっています。お金でモノを買うことが多くなりました。植物や動物の知識も、めだって貧しくなったといって、村の大人たちは嘆きます。そのぶん、学校で過ごす時間は肥大化しています。かつては小学校（六年制）までだった義務教育が延長されて、三年間の中学校教育も義務化されました。

生活世界と概念知をどうつなぐか

生活のなかで育まれた興味や関心が土台になって、その経験が基礎になって科学的な知識の学習がおこなわれるならば、ひじょうに地に足のついた創造的な思考が育まれることになるのでしょうが、言うは易し、行なうは難し、というべきでしょう。

伝統的な学校では、子どもの生活知と学校知とはみごとに分断されています。きわめて豊かな生活知をもった子どもたちをまえにして、貧相な教科書の記述の受け売りをしている教師たちの姿を見ていると、学校のなんたるかを思いしらされたように感じます。

こうした分断は、どこの国にもみられる近代学校の共通した特徴なのでしょう。多くの教師たちがこの断裂状況を自覚し、それを埋めようとして、さまざまな試みを続けてきました。そしてそのことによって、学校教育がもつ固有の可能性をきり開いてきたのだと思います。

たしかに学校の教育はしばしば戯画的で、こんな学校ならなくてもいいのではと感じさせられることがすくなくありません。タイの村の子どもたちは、学校なんぞにいかなくても、りっぱに生活者として自立していけるのではないかと思います。しかし、だからといって、タイの子どもたちにとって学校が不要だとは、ぼくは思いません。子どもたちは学校を必要としている、と思います。問題は、学校がその必要を満たしていない、という点にあるのです。

経験知・生活知を発展させて、そのむこうにつき抜けていくこと。より広い視野のなかで経験的諸事実を意味づけなおすこと。話しことばの世界（生活経験）と書きことばの世界を架橋すること。知識を学ぶ、ということの意義は、そこにあるのだと思います。

タイの子どもたちは虫や植物の知識が豊富です。しかし、その知識は多くの場合、実用と結びついています。これは食べることができる、これは危険だということはよく知っているのですが、だからといって、その虫の生態、植物と虫たちとの関係に関心がむかうとはかぎらないのです。

はじめて村の子どもたちとワークショップをもったとき、ぼくは「地下水」というテーマを選んだのですが、どんなところにどんな井戸を掘るか、その水の水質や水量がどんなかをよく知っている子どもたちは、しかし、地面の下がどうなっていて、どのように水が流れているかには、あまり興味をしめさないのです。すでに知っていることと、知らないこと、あるいは経験的にみえないこととのあいだに大きな溝があって、それを越えるのは意外にむずかしいことなのです。すでに知っていることをお浚《さら》いするだけでは、学びとはいえません（それは子どもにとってもタイクツでしょう）。ワークショップを企画した大人たちは、イサーン地方にはめずらしくこの村が水に恵まれていること、それは大きな森が健在で、それが地下水の涵養《かんよう》源になっていることを子どもたちに気づかせたかったのですが、目に見えない地面の下の話になると、子どもの眼はとろんとしてしまうのです。地下の想像図を描くのも気のり薄のようでした。

子どもの生活経験がいかに豊富でも、経験知から概念知への「渡り」はかならずしも容易ではなく、そこに学校教育のむずかしさがあるのだということを、こういう試みをしていくとつくづく思いしらされます。頭をかかえこんだぼくたちに村のリーダーは、「じゃ、井戸を掘ってみよう」と、思いがけぬ提案をしてくれました。「やはりからだで学んでいくほかないからね」と。掘るほどに、いろいろな層の土がでてきて、それぞれの土壌の透水性を比較することができます。ぼくらはとうとう地下水層に到達し、粘土層の土壌が水を通さないことを確かめました。シロアリと地下水との不思議な関係をリーダーから聞かされたのも、そのときです。

このワークショップがなげかけている問題はいろいろあって、ぼくもまだ整理できていません。やはりオリエンテーションが不足していたと思います。森と水という地域のグローバルな自然環境への関心を、子どもたちと共有できていなかったことが、追究の足かせとなりました。でも、めげずに続けることが重要なので、いろいろと試行錯誤でやっています。

2 デューイ実験学校での「学び」について——社会的オキュペーション

産業社会のなかの学校の役割とは

タイの話を聴かれて、あまりピンとこない、と感じられたかたが、たぶんいらっしゃると思います。前提がちがいすぎる、と思われたのではないでしょうか。

タイの村の子どもたちとちがって、日本の子どもたちの生活知は、きわめて狭小で貧弱です。すべてをお金で買うのがあたりまえになってしまった日本の社会では、モノがつくられたり、育てられたりしている現場に子どもたちがでくわす機会は、ほとんどなくなっています。まして生産労働にたずさわる経験などは、皆無にひとしいでしょう。かんたんな家事すらもが、いまでは子どもの手からひき離されています。

もうひとつ大きいのは、「社会に参加している」とか「自分が家族のなかでひと役かっている」

という感覚が、ほとんどもてないことです。子どもはいつでも「みそっかす」で、何かをして周囲の人びとに役だつということを期待されていません。子どもは「勉強」をしていればよい、ということですが、その勉強は社会とはかかわりのない、試験のための利己的な勉強です。

タイの場合、学校がどんなにひどい教育をおこなっていても、子どもたちは村の暮らしのなかで、学ぶべきものは学んでいたといってよいでしょう。日本では、そうした機能を子どもの生活環境に期待することはできません。生活経験という基礎が脆弱ですから、学校での「勉強」もことばだおれの上滑りしたものになりがちです。ようするに、生活の根っこの部分が総くずれになっているのです。

だからといってタイの子どもたちの生活知をもちあげて、日本の子どもたちをクサしても、あまり生産的ではありません。さきにものべたように、生活経験が豊かでも、それだけで知的なバネがうまれてくるとはかぎりませんし、逆に、既有の経験が乏しくても、あたらしい経験にたいして開かれた感受性を獲得する道はあるはずです。

経験が貧困化した社会、つまり産業化社会のなかでの学校のしごととは何かを一生懸命に考えて、それを「実験」したのがジョン・デューイでした。あるいは、デューイとその同時代人たち、というべきでしょうか。デューイの著作には、十九世紀末から二十世紀初頭にかけての、アメリカの、あるいはヨーロッパの、新教育実践の動向がいきいきと映しだされています。古典にかえれ、といわれますが、彼の一連の著作をひもとくことは、日本の学校のいまと明日を考えるうえでたいへん有益だと思います。

デューイ『学校と社会』から

たとえば、『学校と社会』の比較的はじめのほうで、デューイはこんなことを書いています。長くなりますが、重要なのでそのまま引用します。

今日ここでこうして顔をあわせているおたがいから一代・二代ないしせいぜい三代さかのぼれば、家庭が、実際に、産業上のすべての典型的な仕事がそのなかでおこなわれ、またそのまわりに群がっている中心であったような時代がみいだされる。人々が着る衣服は大部分家庭においてつくられ、家族の者たちは、通常、羊の毛をつむことにも、羊毛をくしけずりつむぐことにも、織機をつかうことにも慣れていたのである。ボタンを押して家中を電灯の光でみなぎらせるのではなく、照明をうる全過程は、動物を殺してその脂肪を精製することから蠟燭《ろうそく》のシンをつくって、これを蠟のなかにひたして蠟燭に仕上げるまで、面倒な手順を逐一ふんでおこなわれるものであった。麦粉《むぎこ》・材木・食料品・建築材料・家具から金属器物・釘・ちょうつがい・鎚《つち》などの類にいたるまで、その供給はすぐ近くの、いつでも縦覧随意《じゅうらんずいい》の、そしてしばしば隣り近所の寄合いの中心であったところの製作所で、おこなわれたのである。農場における原料の生産から製品が実際に使用に供せられるにいたるまでの全産業過程が、公開されていた。それればかりではなく、家庭の各員が実際にそれぞれこの作業を分担していたのである。子どもは、その体力と能力がすすむにつれて、あれこれの過程の奥義にまでだんだんにみちびきこまれていった。それは、直接的な、各自の身にかかわることがらであり、実際に仕事に参加するところまでもゆくのであった。

われわれはこのような生活のなかにふくまれている訓練ならびに性格形成の諸要因、すなわち、秩序や勤勉の習慣、責任の観念、およそ社会においてなにごとかを為《な》し、なにものかを生産する義務の観念などの訓練の諸要因をみのがすことはできない。そこには、それが為されることを実際に必要とする或ることがらがつねに存在し、家庭の各成員が忠実に、かつ他の者と協力して各自の本分をつくさなければならない実際の必要が絶えず存在したのである。物の役に立つように行動する人間が、行動そのものをとおして育成され、試練されたのである。（宮原誠一＝訳、岩波文庫）

こうした条件は、十九世紀末のアメリカではすでに失われつつあったのですが、だからこそデューイは、かつて機能していた学校以前の学び――学校がその衰亡にすくなからず加担してきた生活のなかでの学び――を、あえて学校教育の中心にすえようとするのです。学校外の社会的な場のなかでおこなわれてきた（よく見れば、いまでもおこなわれている）諸活動を、学校生活の核にすえるのです。
それを、彼は「明日の学校」の姿と考えたのでした。

教科タコツボ型学習の危険性

現代の産業社会は、すべてを分割し、専門化する社会です。

学校教育にも、この分割の論理がつらぬかれています。学習する内容は、いくつもの教科に分割されていて、それぞれの教科内容が、バラバラに（理科のことはたんに理科のこと、算数のことはたんに算数のこととして）教えられています。とりわけ中学校や高校では、教科担任制がとられていて、教科相互の交流や連絡がないままに、タコツボ型の授業がおこなわれています。毎時間の授業内容が統合軸なしに、教科ごとにタテ状に系列化されているのは、小学校にしてもおなじです。

「何を教えるか」という教師の観点にたって考えると、これはかなり能率的で合理的な組織といえるでしょう。しかし、子どもは、それぞれがひとりの統合された存在として「自分の世界」を構成していくわけですから（それが「学ぶ」ということでしょう）、学習者である子どもの視点で見ると、これはかならずしも合理的な方法とはいえません。

児童中心主義の観点にたって教育の見直しをはかった新教育の実践家たちが、学校教育のこのタコツボ組織をあらためようとしたのは当然です。デューイも、そのひとりでした。いそいで付言しておかなければならないのですが、デューイはけっして教科の存在や教科担任制を否定していたわけではありません。デューイが創設したシカゴ大学教育学部付属「実験学校」では、世界の常識に反して、小学校段階から分野別に専門化された教員構成がとられています。質の高い子どもの学びを保障するためには、小学校でも、教員のあるていどの専門化は避けがたいと判断されたのです。（すべての領域に通暁した教員という理想は、実際問題としては不可能に近いことをデューイは経験をとおして悟ったようです。）しかし、だからこそ、タコツボ化の危険を回避することが、ますます重要な学校運営上の課題となるのです。

デューイ・スクールでの実践を回想して、メイヨーとエドワーズは『デューイ実験学校』“The Dewey School”（一九三六年）のなかで、大約、以下のようにのべています。

（私たちは）しごとの社会的側面、人びとの諸活動とその相互依存に目をむけることと、科学的側面、すなわちフィジカルな事実や諸力に注目することとを、ことさらに区別だてはしなかった。そうした人間と自然との意識的な区別は、もっと大きくなってからの熟考と抽象によってもたらされるものであって、この段階の子どもの知的能力を超えている。この段階でそれを無理強いすると、子どもは、かれらの全精神的エネルギーを発動することができなくなるだけでなく、いたずらに混乱して、しごとに興味を失うことになるだろう。

地球や水、鳥や花を、その環境からも、生活におけるはたらきからもきり離して学ばせることは、自然力と人間活動を結ぶきずなを断つことである。

生活とのつながりがあるからこそ、子どもの想像力は、対象・事実・過程を自分にとって具体的なものとして思い描くことができるのだが、その通路が寸断されてしまうのだ。子どもがもともともっていた自然にたいする自由で伸びやかな関心はそこなわれてしまう。自然は無意味で瑣末《さまつ》な知識の堆積と化していくのだ。これにたいして、自然物が人間的意味を帯びるとき、子どもの心と自然とは、生活をとおして結ばれる。

社会的オキュペーション——しごとであり関心事である

諸教科間の有機的なつながりをどのようにして回復するかという問題は、十九世紀後半におけるアメリカの教育改革思想の中心テーマのひとつでした。カリキュラム改革のモデルとして注目されたのは、ヘルバルトの「中心統合法」という考え方でした。これは、教科ごとに分化した子どもの活動や教材を、ある核を中心にして組織されたひとまとまりの全体として再構成しようとするもので、それぞれの「ひとまとまりの全体」を、ヘルバルトは方法的単元とよんでいます。アメリカ新教育運動のなかでしばしば主張されることになる「プロジェクト」は、この方法的単元をアメリカ化したものです。カリキュラムは、方法的単元、もしくはプロジェクトの連なり

（シークエンス）として編成されることになります。

何を核とするのかを考えるときに、教材や教育内容の側から（何を教えるか、という観点から）考えるか、子どもの興味や経験の側から（子どもが何を経験するか、という観点から）考えるかで、プロジェクトのありようは大きくちがってきます。アメリカのヘルバルト運動の特徴は、教育学者の佐藤学氏によると、「子どもの位置づけの高さに表現されている」ようです。

そのアメリカのヘルバルト運動も、はじめのころは諸教科の教育内容をどう関連づけるかという問題意識のほうが先行していて、たとえば「文学」とか「歴史」というひとつの科目を中心において、その衛星的な教科として他教科を位置づけるいわゆる「合科」的なカリキュラムが提唱されていたのですが、一八九九年の『学校と社会』の段階でのデューイは、こうした発想にたいしてはひじょうに批判的です。四本柱、五本柱の上部構造を一本柱にして円錐状にとりまとめることよりも、その土台たるべきものを培うことを優先する、という考え方です。すべての学習は、ある共通の基盤から、すなわち子どもの生活体験・現実体験という土台から成長し、分化するものだ、とデューイは考えました。

その後の学習の母体となるこの基礎体験を、実験学校の教師たちは「社会的オキュペーション」と名づけています。オキュペーションは「仕事」「職業」のことですが、人の心を占める（occupy する）もの――子どもの、そして社会の「関心事」という意味が、そこにはつよくこめられています。子どもの関心事は社会の関心事と通じあうものである、だから子どもの心をもっとも深くとらえる活動や知識は、じつは人間社会にとってもっとも基本的で根源的な関心事なのだという「作業仮説」を、このことばのなかに読みとることができるのではないでしょうか。

連なる水脈のようなカリキュラム

社会的オキュペーションと、それにかかわる各年齢段階での学習項目は、以下のようになっています。

一組・二組……〈**家庭のオキュペーション**〉手仕事、遊び、歌とお話、劇とリズム、自然の観察、洗濯、おやつの段どり、食器の後始末、積み木、木工など
（四―五歳）

三組…………〈**家庭生活を支える社会的オキュペーション**〉積み木、ゲーム、食料の供給、農業の学習、農園づくり、植物の観察、農作物をつかった実験、小麦粉をつかった料理、農場の劇化、綿花の学習、灌漑、木材の学習
（六歳）

四組…………〈**発明と発見の進歩**〉原始生活の学習（火おこし、石器、石器による料理、洞窟生活の劇化、土器づくり、毛皮の衣服、金属の発見、物々交換など）
（七歳）

五組…………〈**探検と発見による進歩**〉フェニキア文明（歴史劇、商業の成立、測定技術の成立、文字の成立、石工、船の模型づくり、航行距離の測定、文明の地理的条件の学習など）
（八歳）

六組……〈地域の歴史〉地域の歴史と地理の学習
（九歳）〈シカゴ学習〉フランス人の探検期（探検地図、毛皮貿易）、ディアボーン砦と丸太小屋、シカゴの発展（水源と灌漑、小麦の運送、商業）、関連学習として食物、植物、地図の学習など
〈ヴァージニアの学習〉イギリス植民地、タバコの栽培、イギリス史
〈プリマス植民地の学習〉表現手段の発達

七組……〈植民史と革命〉アメリカ植民地物語（ハドソンの探検と発見、開拓小屋づくり、貿易の学習）、
（十歳）革命の学習（ボストン茶会事件、レキシントン、バンカーヒルの戦い、ワシントン、アラスカ）、植民地産業の学習（紡績業、機織り）。科学への興味（岩石、筋肉、消化などの実験、植物と動物についての実験）

八組……〈植民のヨーロッパでの背景〉イギリスの村の学習（農耕・封建社会、鍬、製粉所、水車などの模型づくり、植民の動機）
（十一歳）初歩の科学（電気の原理、てこづくり、単位の学習、エネルギー学習、生理学の学習）。織物への興味（産業革命と紡織機、紡織技術の学習）
関連学習（料理実験、炭酸ガスの測定、税金調べ、ラテン語、ドイツ語、フランス語、イギリス文学など）

九組……〈専門的活動の実験〉民衆としての植民の学習（産業の発達と社会的政治的組織、産業経済史）。
（十二歳）科学的活動（気体の化学作用、質量保存の実験、物質の三態、発電機づくり、電流の学習、合金づくり、地球の歴史、岩石、地質学、天文学）。科学と数学の関連（地球と太陽の周期と距離の測定と計算、日時計づくり、星雲説と幾何学など）

十組・十一組は略。佐藤学『米国カリキュラム改造史研究』（東大出版会、一九九〇年）をもとに

見ているだけで気持ちがワクワクしてくるような一覧表ですが、こうしたカリキュラムがあらかじめ作成されていて、それにしたがって学習活動がおこなわれた、ということではありません。

この表は、メイヨーとエドワーズの前記の著書にもとづいて佐藤学さんが作成したものなのですが、著者たちも強調しているように、いわゆる「デューイ学校」は文字どおりの「実験学校」でありましたから、前年の反省点をふまえて、またあらたな状況の変化にも対応して、年ごとの学習のテーマや活動内容は、たえず柔軟に変更されていたのです。学習内容の多くは、教師と子どもたちが、活動をとおして、いわば、やりながらかたちづくっていったものといってよいでしょう。あるていど、それが安定したかたちをとりだした一八九八年以後をとっても、年々の学習・活動内容には多少の相異があります。それらを、いくらか無理をして通約したのが、前掲の表であると理解しておきましょう。

それにしても、じつに興味深い一覧ではないでしょうか。本のほうを読んでいくと、子どもたちの学習のダイナミックな展開がさらにいきいきと伝わってきます。

根本にあるのは、学校を社会的生活経験の場として再組織する、という理念です。学校は、社会生活を模倣します。しかし、この場合の「模倣」は、「芸術は現実を模倣する」などというときの「模倣」、つまりはミメーシスの概念に近いものです。社会生活のなかから、より根源的で、より大きな広がりをもつ諸経験・諸要素が選択され、それが社会的オキュペーションというかたちで再構成されているのです。

だから、社会的オキュペーションとして「単位」化されている諸テーマは、いずれも、現代の社会生活ではみえにくくなった、しかし人間存在を根底でささえている自然と文化の基本的・根源的な諸要素です。いまあるがままの社会の、そこにおいて支配的な生産や生活の様式を短絡的にコピーしているわけではありません。このへんのことは、各学年でどんな活動がおこなわれたかをくわしくみていかないと、イメージがつきにくいかもしれません。

Dewey School の各学年での活動はまことに多岐多彩で、その経験の集積は膨大なものですから、その一部を紹介することですら容易なことではありません。巨象の鼻の先をなぞるようなものですが、とりあえず低学年を中心にして、そこでの社会的オキュペーションの展開場面を、いくつかのぞいてみることにしましょう。

3 六歳児たちが獲得した「世界」について——模倣と示唆、興味の広がり

模倣と連続性と安心のなかで学ぶ

生徒数の増加にともなって、学校は一八九八年に校舎を移転し、それとともに四—五歳児むけの幼稚部を増設しています。幼年期教育と初等教育、家庭生活と学校生活の連続性を重視したデューイにとって、その接合部ともいえる前・小学校課程の設置は、当初からの懸案だったようです。

シカゴ市エリス通りの古い住宅を改造した新校舎は、広い屋根つきのポーチと大きな居間をもつ、幼稚部としてはうってつけの建築だったのですが、あいにく居間は北向きで、そのために先生はつとめて子どもたちを野外に連れだしていたようです。財政難で、しごとと食事用の机とイス以外、家具のたぐいはほとんど何もなかったのですが、何もない空間は、子どもにとっては自

由に遊べるお気に入りの空間でした。

今日の多くの保育園とおなじように、この幼稚部の日常生活も、「家」の生活の延長として組織されています。いいかえれば、家でのしごとと活動を「ミメーシス」的に再組織しているわけです。

幼児教育の経験をもたない教師たちにとって、幼稚部の日々は試行錯誤の連続であったようです。彼女たちのたのみの綱は、子どもの模倣本能でした。模倣という行為は、すでに見聞きした経験の再現であって、子どもたちは家族や近隣社会、あるいは学校のなかで経験したさまざまなことを、模倣というかたちで表現しているわけです。同時にまた、子どもの心は、大人や仲間たちがなげかけるちょっとした示唆や暗示にたいしても、敏感に反応します。

子どもたちの模倣に適切な示唆や助言をあたえ、イメージと表現行為の発展をたすける、というのが、幼稚部の教師たちの基本的な役割でした。教師がなげかける示唆は、したがうべきモデルの提示ではなく、子どものなかからでてきたもの、子どもが表現している経験やイメージの強化であったり、発展であったり、方向づけであったりします。

デューイ学校の教師たちの合いことばは、continuity（連続性）と security（子どもが安心していられること）であったといわれています。学校は、ひとつの大きな home に見立てられ、この「家庭生活」をささえているさまざまな活動が、「模倣」的に再現されます。もっとも基本的で持続的な活動は衣食住の充足ですが、これは幼稚部だけでなく、高学年にいたる全学年のカリキュラムの一貫した中心軸といってよいでしょう。子どもは慣れ親しんだ家庭生活を模倣的に再現しながら、同時に自分の経験やイメージを、他の、もしくは他者のそれとつきあわせ、より大きな関連のなかにくりこんで、小さく閉ざされたみずからの世界を拡大していきます。

たとえば秋の一日、公園を散歩した子どもたちは、木のウロに忙しげに木の実をためこんでいるリスの姿を見て、母親が台所に果物を貯蔵している姿を思いおこしています。木の葉が落ちるころになると、生きものたちは、動物も人間も、やってくる冬にそなえて、いろいろな「仕込み」の活動をはじめなければならないのです。あるグループは農園を訪れて、果物の収穫や貯蔵を見学し、それを教室で再現します。このように模倣や連続性を重視しながら、子どもたちの既有の経験に依拠しつつ、それを内発的に発展させようとしているのです。

ホームの活動のひとつの典型は、午前十一時の「おやつの時間」です。子どもたちがテーブルとイスをととのえ、食器を用意して、リンゴやシリアルや飲みものを配分します。最初、子どもたちは「健ちゃんのイス」「暁子ちゃんのイス」などとつぶやきながら、友だちの名とイスを一対一に対応させた並べ方をしているのですが、ある時期から、子どもの総数（集合）にあわせた総数のイスを並べるようになっていきます。

そのやり方は、スプーンやお皿の配分にも応用されます。しごとの必要にうながされて数のとりあつかいにも慣れていき、一人に半個のリンゴをくばるのだから、八人なら四個あればいい、というような判断も、行動のなかで具体的にこなすようになっていきます。また、このような共同のしごとをとおして、家族のなかでわがままいっぱいに育ってきた子どもたちは、他者との協力や責任感、自律性と社会性を培っていきます。

「食べられる種」への興味から、農園づくりがはじまって

小学校教育の最初の年にあたる学年（六歳児）では、子どもの視界は大きく自然や社会にむかって開かれていきます。活動内容も、より構成的で方法的なものになっていきます。とはいえ、その中心はやはり「遊び」なのですが。

この組の教室は、東と西に張りだし窓があり、室内のアルコーヴ（入りこみ）には飼育箱と水槽が設置されていました。生徒たちが集めてきた動植物の住処《すみか》です。

この組も、よく外出したようです。教室で過ごす時間は、一日あたり一時間半から二時間、その時間をつかって、生徒たちはその日の計画を話しあったり、しごとについての意見交換をしたり、その結果を劇にしたり、いっしょに歌をうたったりします。算数や言語記号についての「とりたて指導」も多少はおこなわれていたのですが、学習の本体はあくまでも具体的な作業経験にそくして必要なことがらを学んでいく実地学習におかれていて、子どもたちは小グループにわかれて、料理、模型づくり、調査など、それぞれの作業をすすめながら、そこで提起される問題をどう解決していくかを議論していくわけです。

教室には黒板のほかに大きなサンドテーブル（砂の入った箱状のテーブル）が用意されていて、子どもたちはそれをつかって、学んだことがらを具象化するのですが、室内のサンドテーブルだけでは静態的と思われる場合は、それを外にもちだして、しばしば周囲の事物をもとりこんだ壮大なパノラマを作製しています。それは校庭いっぱいに広がる、ひとつの小宇宙となります。

先生は理科専攻の女性教師と、助手がひとり。一クラスの人数は、年によってちがうようですが、ほぼ十七名前後だったようです。

夏がすぎ、あたらしい年度になりました。子どもたちは毎日、戸外にでて、森や野原でおこる変化を観察します。昆虫の冬支度を観察したり、種《たね》を集めたりします。

この年の子どもたちの興味は「種」に集中しました。どのようにして植物は、種を散布するのだろうか。風や人間たち・動物たちが種を運ぶにちがいない。集めた種を、どのように分類したらよいか、ということになって、三つのリストがつくられました。1―種のお家（seed house サヤや果実）が食用になるもの、2―種しか食用にならないもの、3―トマトやキュウリのように、種も「種のお家」も、食べられるもの。

小さな子どもたちの種子にたいする興味は、やはり「食べる」ということと不可分なようです。ある種の種子は「穀物」とよばれ、それは農民とよばれる人たちによって、食べものとして栽培されていると、子どもたちはいいだします。まえの年にいろいろな農園を訪ねていたので、そのときのことを思いだしたようです。

「農園をつくろう」と、だれかがいいだして、農園の模型づくりがはじまりました。いろいろな大きさの積み木をテーブルに積み上げて、農家や納屋をつくります。じつはまえの年にもおなじようなことをやっているのですが、そのときにくらべると、つくり方はずっとよく工夫されたものになっています。ブロックで四角い農家と納屋をつくり、かたわらに鶏小屋(箱)を麻紙で建てるのですが、いろいろな長さのブロックを組みあわせて間口一フィート(約三〇センチ)の家をつくり、鶏小屋もそれにつりあう二×三インチ(約五×七・五センチ)の大きさのものにします。

作物についての興味や観察も、より細かなものになっていて、植物の成分、茎、根、葉など、いろいろな部分を見て、上記のように、どこが食物として利用されているかを考えているわけです。子どもたちの話しあいは、ときには動植物相互のつながり——動物は植物に依拠して、そして植物は土に依拠して生きているという生態系——の直観的把握におよんでいます。

戸外にもちだしたサンドテーブルの周辺には、トウモロコシと小麦を栽培する畑、羊の放牧地、酪農場がつくられました。小枝を六インチに切って、横木の柵がめぐらされます。家屋のつくり方も、だんだんに凝ったものになり、ドアだの窓だのを家にとりつけます。この年齢になると、必要に迫られた子どもたちは、定規や三角定規を自在につかって、窓やドア用の板を切りぬくことができるようになるようです。

校地の一部を、一〇×五フィート(約三×一・五メートル)測量して、整地し、そこに冬小麦をまきました。耕やし方を討論します。ひとりの子どもの発案にしたがって、堀棒をつかうことになります。

いっぽう、待ちに待った収穫期がきた、という想定で、農家から譲りうけた小麦の束《たば》が運びこまれます。みんなで小麦を観察し、この種子でつくられる食べものをリストアップします。粗挽《あらび》きの粉でつくる粥、よく挽いた粉でつくるパンやお菓子、子どもたちは農夫になったつもりで、どのようにしてこの麦束を脱穀したらよいかを相談しはじめます。

手で殻《から》をむくのですが、これでは能率が悪すぎます。棒で打つ、それもへりで打つと効果的です。棒を二本つなぐともっとしごとが早いことを教えてくれたのは、工作室の教員でした。子どもたちは、殻竿《からさお》の取っ手を、打つほうの二倍の長さにすると楽なことに気づきます。つぎに、むいた殻を吹いてのぞき、臼でひいて粉にします。しかし、ケーキをつくるためには、その粉をフルイにかけるだけではまだまだ不十分で、さらに薄い綿布でこして、ようやくわずかな量の純白粉がえられるのです。

農園の作物をつかって調理や実験をしていると、数の勉強は容易になります。料理では量ることが必要ですが、茶さじ何杯が大さじ一杯にあたるのか、大さじ何杯がカップ一杯になるのか、という計量を毎日のように経験していると、分数の基本的な考え方が感覚的に身についていきます。上にものべたように、模型の農園をつくるときにも計測は重要で、フィートやインチ、その相互比率を知った子どもたちは、じょうずに巻尺をつかっていろいろな作物の畑を分割したり、建物のサイズを設計したりするようになっていきます。

劇化——経験を土台に構想し、演じ、物語る

デューイの実験学校は、子どもの表現、とくに「演ずる」こと、「物語る」ことを、ひじょうに重要視しています。いろいろな人間になった「つもり」で、いろいろな作業や活動をして、さまざまなことを経験するだけでなく、その経験を、子どもたちが表現し「物語」化していくことが重要だと考えられています。物語は絵や作文など多様な方法で表現されますが、子どもたちは、それを「劇」にすることが多いようです。なにか手応えのある学習をすると、子どもたちは劇のかたちで、それをストーリイ化したがるのです。

ブロックで農園と製粉所がつくられます。このパノラマが劇の書割《かきわり》になります。何人かの子どもが農夫になり、何人かが粉屋になります。農夫は収穫した小麦を荷馬車で粉屋に運び、挽いてもらった粉の一部を手間賃として渡して、残りを用意した袋に入れて持ちかえります。

時代が変わります。近所の粉屋はなくなっていて、農夫は何マイルも離れた製粉工場に穀物を送らなければなりません。メイヨーとエドワーズの記述をそのまま引用しますと、

子どものなかの何人かは農夫になった。何人かは鉄道員、何人かは製粉工場の工員、あれこ

れの町の食料品屋になる者もいた。農夫は、小麦を最寄りの小さな町に運びこまなければならない。そこから列車に積みこんで、遠い都会の製粉工場に運んでもらう。製粉業者がうけとって粉にして、べつの列車で町まちの食料品店に送ると、なんと農夫たちがそこへ粉を買いにくる。

劇を成功させるには多くの準備が必要だ。小さな農夫たちは工作室に走って、ブッシェル枡《ます》やペック枡、その他もろもろの模造品計具の製作におおわらわだ。教師が注意深く設計して、枡は、底のサイズが同じで高さだけがそれぞれことなる丸い容器にした。偶然に、とはいえ当然の理として子どもたちは、よい演技者であろうとすれば、こうした道具の使い方を習得し、自分たちの穀物を正確に計量することができなければならないと思うようになった。かなり複雑な劇の筋書きを論理的に組み立てるには、助けが要《い》った。構想をたてるにあたっては、みんなに大きな紙と鉛筆をくばり、たてたアイディアを図に描くことにした。町は○、農場は□、鉄道は線で表し、劇のなかの出来事を絵で表示したプロット図ができあがった。

（"The Dewey School"・筆者訳）

おなじようにして、コーンや大麦についても勉強します。劇は、総合的な表現様式です。荷馬車・柵・家をつくりに工作室に、穀物の袋や敷きものをつくりに紡織室に、デザインや記録つくりのために美術室にと、いろいろな部屋に出入りして、子どもたちは活動範囲を広げていきます。

それはほどよいむずかしさをそなえた、しかし達成の喜びをともなう真剣な活動です。

農夫の生活についての学習は、動物への興味をよびおこしていきます。農園では、牛が重要です。牛からえられる食べもののリストがつくられます。皮もつかわれているようです。子どもたちは道端の牛たちを観察します。牛はいつも、もぐもぐと口を動かしています。草原の草は硬い繊維質が多く、栄養がすくないので、必要量を摂《と》るにはたくさん食べねばならないことを教えられます。子どもたちは、木陰の牛が、食べた草を口に戻しては噛みつづけていることに気づきます。草食動物は肉食動物によって捕食されやすいので、草原では早く食べ、安全な森のなかで、それをゆっくりと反芻《はんすう》するのだ、という説明を聞きます。

子どもたちは、羊の牧場にはどんな土地がよいかを考え、寒い冬に羊毛はよく育つこと、暑い夏になってもそれを脱ぐことはできないことを知ります。水をはじくことから、羊毛には脂があることに気づきます。アヒルの羽毛と比較してみます。羊の毛がからみやすいこと、だから糸にしやすいことを発見します。毛を刈って工場に運ぶまでを、絵やお話にして表現します。

機械の発明、綿相場、流通、灌漑へと広がる興味

種子についての子どもたちのこだわりは後期までつづいていて、穀物の学習は木綿の学習に発展していきます。

南部から綿の実をとりよせて観察すると、なんだか種がひじょうに多いのです。たくさんの種が、綿玉にしっかりとはりついています。

種をひとつ割って、食べられそうだ、と、だれかがいいだしました。木の実のように油が多いのです。砕くとよい牛の餌になること、棉実油にはほかにもいろいろな用途があることが説明されます。種子を植えて棉を育てたいと、かれらはいいだします。でも、戸外では寒すぎて育たない。屋内の植木鉢にまき、同時にトウモロコシと小麦もまいて、どちらが早く発芽するかくらべてみよう、ということになりました。

子どもたちは、十人がかりで十分かかって、ようやく一オンスの綿から種をとりのぞくことができました。これでは遅すぎる、機械が必要だ、と、子どもたちはいいだします。種とり機械の発明の話になりました。それで綿の値段が下がったことも、容易に理解できたようです。とりのぞいた種とサヤの重さを比較して、前者が後者の重量の半分を占めることも確認しました。

このあと、原綿が船で工場にもちこまれ、カーディングされ、紡がれ、織られて、最終製品になっていくまでのプロセスを、標本などをとおして学習します。一段階ごとにしごとの記録を書き、綿が農場から運びだされ、工場・問屋・小売りなどをへて、自分たちの手にわたるまでの道筋が劇化されています。カーディングのためのクシなども模造されているようなのですが、このあたりの詳細はよくわかりません。

学習はさらに棉栽培の分布にすすんでいきます。気温が高いだけでは棉を栽培することはできないこと、エジプトやサハラ砂漠でしばしばうまく棉が育たないのは水不足のためだ、ということが説明されます。そういえば、アメリカの西部も雨がすくないよね。大洋から吹く湿った風が高い山にぶつかって、そこで水分を失うと乾いた風になることを、子どもたちは知らされます。そんな土地に、どうやって水を運んだらよいのでしょう?

話は灌漑《かんがい》の問題に発展していきます。水を荷車で運べばよい、いや、タンクに溜めればよい、など、アイディア百出。砂箱で実験した結果、子どもたちは、高いところから低いところへの自然な流れを利用するのがいちばんだと気づきます。砂箱に丘をつくり、その上に湖を掘るのですが、斜面の角度を考えずに溝をつけると、水は農園に届きません。それに溝では、土に吸いこまれてしまう水も多いし、暑い地方だと、蒸発によって失われるぶんもすくなくありません。パイプをつかえばいいんじゃないかと、子どもは考えます。しかし、水が、流れだした高さにまで上るという事実は、かれらにとってたいへんに意外なことでした。タンクを高くして、それにガラス管をとりつけます。タンクを上げ下げすると水も上下しますが、管の水位はいつもタンクの高さでした。子どもたちは給水塔の存在理由がわかって大満足。[注]

つぎの単元は木材の学習です。そして、それは石炭と鉱山のプロジェクトにつながっていきます。

このようにして、種子からはじまった社会的オキュペーションの学習は、それじたいの論理に導かれて芋づる式にあたらしいプロジェクトを生成し、子どもたちの興味の広がりとともに、教科を自在に横断する活動をくりひろげていきます。三組（六歳児クラス）を例にとりましたが、さまざまな活動と知識が有機的にないあわされながら、広くかつ深い学習がダイナミックに展開していくのは、どの年齢段階でも同様です。高学年になると、社会的オキュペーションというカテゴリーじたいはすくなくなって、歴史や科学にかかわる学習が多くなっていきますが、しかしそれらは社会的オキュペーションの発展として、総合的・有機的に組織されています。

［注］――しかし、棉作に関してのこのあたりの議論のたて方には、デューイたちの偏りが感じられてなりません。世界的に木棉には多湿を好むタイプと、乾燥につよいタイプがあるといわれています。アメリカも同様で、そのことはデューイの時代の農民も承知していたと思われます。乾燥につよい棉は、発芽期のしめり気さえあれば、その後は地上の茎長に数倍する速さで主根を垂直に伸ばして保水層に到達し、そこから水分を吸収します。必要以上の灌水はかえって栄養成長を促進して、開花や結実をさまたげかねず、日本でも農民のあいだでは「草姿をつくるより実をとれ」といわれていました。世界的には圧倒的に耐乾性の棉が多く、農民たちは灌漑という工学的発想よりも、品種の選択というソフトパスによって水不足に対応してきたのでした。ただし耐乾性の綿の繊維は中～短系のものが多く、市場むけの長繊維タイプにきりかえようとすると灌漑が問題になるのかもしれません。

4 知ることで発見される「未知」について――日本での試み

発芽しない生命に思いをいたす

メイヨーとエドワーズの著書に依拠して六歳児クラスの一年を追いかけてみたのですが、一世紀以上もまえのこの学校の教室風景が、いきいきと蘇ってくるような気がします。

種への注目にしても、農園づくりや穀物の加工にしても、それらは人間の暮らしの根源にかかわるテーマで、それらを「遊び」として連続的に組織することで、より高度な学習をうみだしていく素地がかたちづくられていく、ということでしょう。

しかし、この本は実践後三十年あまりたってから書かれたものですし、年ごとにちがう活動内容を、七年をとおして一般化して描いたものですから、そういうものとして読んでいくことが必要でしょう。固有名詞をもった個々の子どもの思考や、現在形で進行していく教師と子どもとのやりとりをみようとすると、この本はやはり隔靴掻痒《かっかそうよう》です。

よくよくみれば、おなじようなテーマや志向性をもった教育実践が、私たちの周辺でも数多くおこなわれていることに気づかされます。

種は、子どもたちの興味をひきやすいテーマのようです。プロペラをもって遠くに飛んでいく種、人や動物に「ひっついて」自分を運んでもらう「ひっつき虫」の種、鳥に食べられて遠くの土地に運ばれる種、弾けて飛びだす種、斜面をころがり、ここぞと思う場所にくるとこんどは自分で地中に潜っていくドングリ、それぞれの植物が種にたくす生存戦略を探ることは、木々や「雑草」を驚きの目でとらえかえす大きな契機となることでしょう。（そういう授業をくむときの手がかりとして、石井桃子『「話の種」になる種子の話』〈ごま書房〉は、たいへん参考になります。）

私自身のかぎられた見聞の範囲でいうと、まず、善元《よしもと》幸夫さんが東京都荒川区・第四峡田小学校でおこなった授業、「たねのふしぎ」が思いおこされます。

善元さんはかつて江戸川区の日本語学級で、中国や韓国から引き揚げてきた子どもたちと、「生と死」をめぐる授業を展開され、その記録を『生命の出会い』（筑摩書房、一九八九年）という本にまとめています。地球上の生命の、あるいは宇宙そのものの長く遠い歩みをふりかえり、その壮大なドラマをとおして、子どもたちが「自分という存在」の意味を探ることを企図した授業です。最近の「たねのふしぎ」の授業も、このモティーフの延長線上でくまれています。

「さあ、このなかに何が入っているか、あててごらん！」

四月、学級園のまえに立った善元先生は、ふたつの握りこぶしを差しだします。右手には種。でも、なんの種かはわからない。左こぶしを開くと、こっちは、なんだ！　ただの空気です。種はじつはケナフの種で、それを畑の右半分に植えるのです。

左半分の畑は、あらかじめ草や根はきれいにとりのぞいてあるのですが、あえて何も植えません。「どうなるのかなあ、この左半分の畑」。

きっと何も生えてこないよ、というのが、都会育ちの子どもたちの大多数の意見だったようです。

種をまいて数日後、ケナフの芽がではじめたとき、ひとりの生徒が「先生、芽がでないのもあるね」というのです。そのときはあまり気にもとめず、先生は「そうだよ、ケナフの発芽率はあまりよくないからね」と答えます。

ケナフは発芽し、成長して五センチくらいになりますが、そのとき、風で根もとから折れるという大事件がおこります。さいわいなことに、添え木を当てて応急手当をほどこし、ケナフはみごとに蘇生して元気に茎を伸ばしはじめて、みんなはほっとするのですが、この事件があって善元さんは、あ、そうかと気づかされたというのです。

この世に生まれでることのできなかったたくさんの仲間たちがいて、はじめて、この世に生まれるものたちがいる、ということ。そんなことに、子どもたちとともに目をむけていくこともたいせつだな、と感じられたそうです。「先生、芽がでないのもあるね」——この発芽しない生命に思いをいたす子どものつぶやきから、種の不思議をめぐる授業のアイディアが着床したと、善元さんはのべています。

サケの一生に自分の物語を重ねながら

子どもの予想に反して、何もまかなかった畑からも、一か月半後には数えきれないほどの芽、いろいろな草が生えてきました。どこから飛んでくるのかわかりませんが、種となって冬を越し、飛んできて、あるいは土のなかから湧いてでて、力づよく芽をだす植物たちの生命力に、子どもたちは驚かされます。「この種のもとは三千年まえのエジプトの種だよ」といって、先生はエンドウの種を差しだします。三千年まえの墓から発見された種を栽培したら、みごとに育ってこんな種になったのだと。

「人間って、せいぜい生きて百二十年、でも種は三千年も生きられるんだ」

「植物ってすごいんだね」

「そう、植物は動物のように移動はできないけど、種になればタイムマシンのようにどんな時代にでも行けるんだ」

動物と植物のちがいに着目すると同時に、その両者を、有性生殖をおこなう類似した生命体として、ひとつにくくって考える。それが善元さんの授業戦略のようです。そのこととわかちがたく結びついた性や死の問題が、大人にとってそうであるように、子どもにとって大きな関心事であることはいうまでもありません。

子どもたちは、サケの雄大な移動を描いたテレビ番組「母川回帰」を見ます。

必死でふるさとの川を遡上して、卵を産んで死んでいくサケの一生に感動したTさんは、「命はむだではない」という田中邦衛のナレーションを敷衍して、「そのわけはどんどんどんどん血がつながっているからむだではないのです」と書きます。「自分が死んでも、産んだ赤ちゃんが一生けんめい生きてくれる」から、「サケは苦労して赤ちゃんを産んでいるのかなあ」と、テレビ視聴のまえのアンケートに、彼女は記しています。お父さん子だったTさんは、子どものしあわせを祈りながら亡くなっていった父親の姿とサケの姿を二重映しにして番組を見ていたようなのですが、それを善元さんは後日、母親との会話をとおして知ることになるのです。

男子のNくんは、動物の肉が食べられない子でした。お母さんによると、「幼稚園のとき、卵からヒヨコがかえるのを見て、それから肉や卵が食べられなくなった」のだそうです。Nくんは、サケが人やクマに食べられてしまうのを「ちょっとかわいそうだ」と書き、しかし「サケは他の動物のしそんをのこす手伝いをしているのかもしれない。みんなの命をさいごまで大切にしているみたいだなあ」と書きます。

「Nさんは書きながら今までの自分の見方を考え直していたのだ。そして食う、食われるの関係だけを見ないで、森の生態系全体のなかで食われることの意味を見つめなおしたのだ」と、善元さんは注記しています。

こうした記録を読んでいると、それぞれの学び手は、それぞれの経験とそれぞれの感受性の歴史を秘めながら、そのなかで知識と出会い、知識と対話しているのだということがよくわかります。善元さんがいうように、「子どもたちはサケの物語にそれぞれ自分の歩んできた物語を重ねながら、生きることの意味、死ぬことの意味を真剣に考え、言葉にした」のでした。伝えた知識、とりくんだ活動、交わした会話が、それぞれの子どもたちのなかで、どううけとめられ、どんな波紋を広げるのかを、授業者の側はまえもって知ることはできません。その意味でいえば、授業者の子どもにたいするはたらきかけは、つねに賭けの要素をともなっています。だからこそまた、思いがけない可能性にむかって開かれている、ということでもあるでしょう。

（以上の引用は、善元幸夫『いま、教師は何をすればいいのか』、小学館、二〇〇二年から）

知から未知へ、という学び

エノコログサとアワを素材にして、「雑草」の種子と「穀物」の種子、野生植物と栽培植物をつないで考える授業も、日本の学校現場では、いろいろな学年で、いろいろな教師たちによって試みられてきました。

古いところでは、「社会科の授業をつくる会」（現在は「人間の歴史の授業をつくる会」）の久津見宣子さん、丹羽敬子さんといった人たちが、歴史の授業で、農耕の発生とからめてあつかっており、現在もこの会の歴史教材として定番化しています。後述するように、この会の歴史教育のプランは、デューイ実験学校のカリキュラムと理念と方法において共通するところが多いように思います。

自由の森学園の生物科教師であった盛口満さんは、中高生たちとエノコログサ（ネコジャラシ）を採集し、それを「食う」という授業（?）を毎年おこなっていて、その顚末《てんまつ》を『ネコジャラシのポップコーン』（木魂社、一九九七年）という本にまとめています。

カブトムシを見たことがないとか、スギの名前は知っているけど、姿は知らないと申し立てる中高生に接して、生物オタクの盛口先生はガクゼンとするのですが、ネコジャラシは、そんな生徒たちとでも、まえおきなしに話題にできる数すくない植物のひとつであったわけです。どこの道端でも見かけるネコジャラシが、最初の「作物」の元祖のひとつだとすれば、それを利用しないという手はありません。

盛口さんのオリジナリティは、エノコログサを「食う」ことにありました。といっても、最初の年のネコジャラ飯《めし》は、とり残した殻がジャリジャリして、とうてい食えたものではなかったようです。「ねえ、炒《い》ってみたら?」という生徒の発案で、フライパンで炒ったら、殻が弾けてポップコーンのようになったというのが書名の由来なのですが、ネコジャラ飯じたいは、翌年も悪戦苦闘、採集・脱穀・調理などに改良をかさねて、数年かかってようやく茶碗一杯のネコジャラ飯をつくることに成功したようです。アワの栽培にも挑戦しています。

殻竿の利用、アワとエノコログサの脱粒性（穂が熟すと自然に粒が落ちる性質）の相異など、その過程で生徒たちはさまざまなことを学んでいくわけですが、「教室での一般授業の時と、うってかわってよく動く姿に何だかおかしくなる」と、盛口さんは記しています。

種子を飛ばす能力を奪うことで、人間はエノコログサをアワに変えてしまったわけですが、そのアワ畑には、アワの擬態随伴雑草として、かならずといってよいほどオオエノコログサのたぐいが生えるようです。何年もアワをつくりつづけると、アワが「雑草に化ける」のだと、農民たちは考えています。野生から栽培植物への「馴化《じゅんか》」と並行して、栽培植物から野生植物への回帰もおこっている、ということになるのでしょうか。

エノコログサは、どこでも見かける、ありふれた雑草です。身近な、ありふれた事物や場面を、たんにありきたりのものとして追いかけるだけならば、それは退屈な課業にすぎませんが、農耕の発生という大きな背景のなかにそれをおいて、食べたり、食べる工夫をしたりすることで、ありふれた雑草がいっきょに生気をおびた興味の対象に変わっていきます。熟知していたものが未知のものに変容するのです。未知から知へ、だけが学びの道程ではなく、「知から未知へ」こそが、学びの本筋なのかもしれません。

5 経験を知の体系へ導く「意味の広がり」について——遊びと労働と知

なったつもりで考える——農夫に、牛に、原始人に

デューイの実験学校から目を転じて、対応する日本の教師たちのしごとのいくつかをみてきました。もちろん、私たちの時代の状況は、百年まえのそれとは大きくちがっています。しかし、人間の暮らしの基層から教材やテーマをきりだそうとするときの教師の着眼点というのは、時代のへだたりにもかかわらず、意外に共通するものだと気づかされます。

いっぽうで、メイヨー＋エドワーズ『デューイ実験学校』(梅根悟・石原静子＝訳、明治図書、一九七八年)の訳者のひとりである石原静子さんは、デューイ学校のカリキュラムに流れている「開拓者精神」や「人間の理性や進歩に対する素朴なまでの信頼」に、「いささか複雑な感想をもった」と記しています(同上書、訳者あとがき)。さきに紹介した善元幸夫さんの授業の基本的なモティー

フは「人間中心主義の克服」であり、他者の発見でした。着眼する教材やテーマは共通しているのですが、そのとらえ方は大きく変化しています。善元さんの授業のなかでは、生命の奥深さへの驚きや感動が語られることはあっても、ストレートな人間讃歌が表明されることは、ほとんどありません。

もう四半世紀もまえのことになりますが、私がデューイの著作や実験学校のカリキュラムに興味をもったのは、自分も参加していた「社会科の授業をつくる会」の教師たちの実践と、それが強く響きあうもののように思えたからです。後者は白井春男編『人間の歴史』を基本テキストにした地球史と人類史の授業で、歴史発展の道すじと人類の「いよ」を巨視的な時間と空間のスケールで考えるという問題意識は、デューイのそれと通じあうものでした。「社会科の授業をつくる会」の教師たちは、道具・織物・パンなどの「ものづくり」を歴史の授業のだいじな骨格と考えていて、活動的な作業をくみこんだ授業の創造という局面でも、両者の共通性は明瞭でした。

私は戦後のいわゆる「経験主義教育」に疑問をもち、より系統性をもった歴史教育のカリキュラムの創出にとりくんでいたこのグループの活動に参加したのですが、それまで「経験主義」の黒幕のように考えていたデューイの思想や実践が、自分たちのめざすものにあまりにもよく似ていることを知って愕然としたのです。

これまでの叙述からもわかっていただけるように、デューイの実験学校ではlet's pretend（なったつもり）ということが重要視されています。子どもは「農夫になったつもり」で小麦の栽培や加工を考え、「牛になったつもり」で牛が草を反芻することの意味を考えています。四組（七歳児）の子どもたちは、「遠い過去の時代に旅したつもり」で、原始人の暮らしを想像します。現代の文明の利器から、なくてもやっていけそうなものを一つひとつとりのぞいていって、生存にどうしても必要なものは何かを絞りこんでいったところ、子どもたちは水、食糧、雨風や野獣の危険から身を守るものを、もっとも必須のものと考えているようでした。

衣服は快適さをもたらしますが、必須のものではなく、それにたいして火のない生活を想像することはとうていできないと、子どもたちは主張します。そんなことから、いろいろな火種や発火方法、つよく燃える木と長く燃えつづける木、火の用途（とくに料理）と火を保存する方法など、一連の火の学習が展開していきます。燃えるためには、たんに燃料をもちいるだけでなく、よく空気が通るように燃料をくべなければならないことも知ります。石器について、狩りの方法について、洞穴での暮らしについて、粘土層の分布と土器の製作について、ディスカッション、実験、劇化など、さまざまな形態の学びがくりひろげられていきます。

デューイは歴史の学習をひじょうに重要視するのですが、その歴史は、上にものべたように、たいへんスパンの長い、目の粗い歴史です。時代としては原始時代、領域としていえば産業史が、彼のもっとも力を入れた歴史学習の分野でした。その点で共通するところの多い「社会科の授業をつくる会」の授業実践では、「人間の歴史」にさきだつ「地球の歴史」や「生命の歴史」に数か月から一年近くの時間がさかれていて、これもまた、ひじょうに長大なタイムスケールのなかに人間の歴史がくみこまれています。

「弱い歴史」と「強い歴史」——なぜ原始人の暮らしを学ぶのか

人類学者のレヴィ＝ストロースは、その著書『野生の思考』の末尾で、「弱い歴史」と「強い歴史」というタームを提起しています。

時代が現代に近づくと、歴史は、日付（そしてまた固有名詞）がこまかく密集した出来事の連なりになっていくのですが、他方、何千年・何万年・何十万年のタイムスケールで語られる人類の歴史は、日付の粗い、大きな空白と、にもかかわらず説明可能な諸変化によって特徴づけられる歴史になっていきます。前者は情報には富んでいるものの説明的可知性が低く、それゆえに「弱い歴史」とよばれるのですが、後者は情報量のとぼしさにもかかわらず、たとえば生産力といったような概念をもちいて所与の歴史的情報をより明快に説明する可能性をふくんでいるために、「強い歴史」と命名されているわけです。「弱い歴史」「強い歴史」のそれぞれにも、相異なるいくつもの層序、あるいはコードがあり、ひとつのコードにとって意味のあることが、他のコードにおいても意味をもつとはいえないのです。

私たちが学校で学んできた歴史のコードは、基本的には「弱い歴史」のそれであったといってよいでしょう。歴史の授業で原始や古代がとりあつかわれるとき、それは「通史」学習の導入として位置づけられ、情報量のすくない、それゆえに比重の軽い、「弱い歴史」の序章として周縁化されることになりやすいのですが、「社会科の授業をつくる会」の原始・古代学習へのとりくみは、それとは根本的にことなる企図をこめたものでした。このグループの教師たちはレヴィ＝ストロースのいう「強い歴史」を基本にして、歴史教育の内容を構築しようとしたのです。

デューイの実験学校の歴史学習も、おそらく「社会科の授業をつくる会」のように徹底的にではないでしょうが、「強い歴史」を基本とするものであったといってよいでしょう。実験学校ではとりわけ低学年の歴史学習で、原始人の暮らしに大きな比重がおかれていますが、そこでの原始学習はたんなる通史のひとこまではなかったのです。『民主主義と教育』のなかで、デューイはこのようにのべています。

近年、歴史学習の手引きとして、原始人の暮らしに大きな関心がはらわれるようになった。しかし、その価値のうけとめ方において、正しいものと誤ったものがあることは、ここでも同様だ。現在の状態というものは、すでにできあがってしまったもののようにみえるし、なにかにつけて複雑である。一見、頑として動じがたいもののように映る。そしてそのことが現在の本質を洞察するうえでの、ほとんど克服しがたい障害となるのだ。原始的なるものにたちかえることで、いまの情況のその根底にある諸要素が、すこぶる単純なかたちで明瞭になる。あまりに模様が複雑で細密なので、近距離だと大すじが見えない布を、もっと大きな、もっと粗い織り柄の特徴が浮きでて見えるところまで、離れて眺めるようなものだ。私たちは方法的な実験によって現在の状態を単純化することはできないが、原始人の生活に遡《さかのぼ》るという方法で、実験でやろうとしていることとおなじたぐいの成果をおさめるのだ。社会的諸関係や組織的な行動の様式は、もっとも単純な形態に還元されている。しかしながら、この社会的意図をみすごして原始人の生活を勉強すると、それはたんにセンセーショナルに、そして刺激的に野蛮状態を列挙するパターンに堕していく。（筆者訳）

意味の広がり——活動と経験をコンテクストのなかに位置づける

ある活動をおこなったとき、その経験を、どれだけ他の経験や事実と関連づけ、より広い文脈のなかにくりこんで位置づけることができるかによって、経験の意味は大きくちがってきます。おなじ経験が、発展的な、豊かな意味をふくんだものになったり、ただそれだけのものに終わったりします。

おなじパン焼きの作業でも、人びとはかつて、どんな道具や動力をもちいて製粉をおこなったのか、酵母とよばれる微生物のはたらきをどのように制御し利用したのか、どうしてオーヴンとよばれる特殊な窯《かま》を築いたのかなど、人類の穀物利用の歴史を背後に思い描きながらそれをおこなう場合には、パン焼きによって解発された興味は、パン焼きにとどまらず、水車や醸造や金属精錬といった一連の広範なテーマに転移・発展していくことになるでしょう。「適切な条件下でおこなわれる諸活動は、どこまでも広がる知的考察をひきよせ、吸着する磁石」（『民主主義と教育』）なのです。どのようなコンテクストのなかにおかれるかによって、経験の質は大きくことなってきます。

デューイは活動や経験をかぎりなく重視しましたが、同時に、その活動に適切な背景やコンテクストをあたえることを、教師の主要なしごとと考えていました。だから、社会的オキュペーションとよばれる一連の活動は、つねに歴史や地理、あるいは自然科学や数学の知識の体系とかかわるものとして、組織化されています。その経験主義は、いわゆる「這《は》いまわる経験主義」とは完全に無縁でした。何かの活動をたんにやっていればよいというのではなく、また技能的に上達すればよいというのでもなく、自分のやっているそのことが、自分自身によって豊かに意味づけられていることが重要なのです。子どもたちが学校でおこなうさまざまな活動的作業は、デューイによれば「意味を拡張するための道具」なのです。

デューイはいいます。

人間の活動は意味を発見し付与するというすぐれた特質をもっており、そのことが人間の教育を、たんなる道具の製作や動物の訓練とはことなるものたらしめている。後者は能率を増進するが、意味作用 significance を発展させない。前章で考察してきた諸々の作業、遊びと労働のとどのつまりの教育的価値は、それらが意味の拡張 extension of meaning をもたらすもっとも直接的な道具であるという点に存するのだ。

（『民主主義と教育』、筆者訳）

活動的作業と歴史学習のダイナミックな結びつきをしめす一例として、デューイがしばしばひきあいにだしているエピソードを『学校と社会』からひとつ、引用しておきましょう。高学年クラスに亜麻、棉の木、羊の背から刈りとったままの羊毛がもちこまれます。子どもたちは、それらの材料を比較します。綿の繊維と羊毛の繊維の比較がおこなわれます。それを観察したデューイは、驚嘆をこめてこうのべています。

羊毛産業と比較して木綿産業の発達のおくれた理由は綿の繊維を手で種子《たね》から離すのがひじょうに困難なためであることを、私は子どもたちから教えられるまで知らなかった。或る組の子どもたちは綿の繊維をたまざやと種子から離すのに三十分かかって、ようやく一オンス足らずのものを得ることができた。そこでかれらは、一人の人間は手で一日せいぜい一ポンドを繰りうるにすぎないであろうということを容易に推察することができ、かくしてなぜにかれらの祖先が木綿の着物を着ないで羊毛の着物を着たかという理由を理解することができたのである。木綿と羊毛との比較的な効用に影響するものとして発見されたその他いろいろのことがらのなかには、綿の繊維が羊毛の繊維とくらべて短いこと、すなわち前者の長さは平均、まず、三分の一インチであるのに、後者の長さは三インチにもおよぶことがあったし、また、綿の繊維はなめらかなのでくっつき合わないが、羊毛には或る粗さがあってそれが繊維をくっつけさせるので、つむぐしごとを楽にするということがあった。子どもたちは教師の質問や暗示に助けられながら、実際の材料をとりあつかっているうちに、かれら自身でこういうことをしらべ上げたのである。

（宮原誠一＝訳）

6 協働と参加をうみだす「磁場」について――「市民」形成の場としての学校

場ということ――学校でこその学び

デューイが子どもの構成的な諸活動を重視するもうひとつの理由は、今日の「学校でこそ可能な学びは何か」という主題と直結しています。

最近、「学力の低下」が喧伝《けんでん》されて、テスト主義もしくは「習熟」主義的な「学力向上」を要求する社会的圧力が、またぞろ高まっています。「生きる力」だの、総合学習だのといっているから、子どもの学力が低下する、ということのようです。

「学力の低下」の根底には、貧しい学習のありよう、それにともなう子どもの学習意欲の低下という事態があるはずなのですが、その貧しい学習のありようを拡大再生産することによって、「学力の低下」を挽回しようとしているのではないでしょうか。そこでいう「学力」がペーパーテストの成績ということだとすれば、うわべだけの成果がきそわれるのは当然のことといわなければなりません。

しかし、今日ぼくがいいたいのは、そのことではありません。習熟主義的な「学力向上」は、最終的には学校否定に行きつくことになるのではないかと、ぼくは思っています。つまり、それは学習を本質的に利己的なもの、個人主義的なものとしてとらえていて、他者とのやりとりのなかで解発され、高められていく場のなかの行為としてはとらえていないのです。となれば、学習の成否を一義的に規定するのは、その子どものアタマのよさ、遺伝子的に決定された知的能力といったようなものになっていくでしょう。それはなんとも「貧しい」学習ではないでしょうか。

学校には仲間がいて、教師という名の大人がいて（ほんとうは、もっと多様な大人がいたほうがよいのですが）、そうしたさまざまな他者との交流のなかで、自分ひとりでは考えることのできなかったことを考える場が、学校なのではないでしょうか。「いっしょにやる」ことでみえてくる発見、思考やイメージの飛躍、それをたっぷりと体験する場が学校なのではないでしょうか。いきいきとした学習は、そのための場・人間関係の創出と不可分であることを知っている教師たちは、場をつくりつつ学びを深めることに大きなエネルギーを注いできたのでした。

子どもたちの活動を重視する、というデューイの思想は、学習を協働的な、社会的な行為たらしめるという教育観の表現でもありました。学習を、子どもたちを分断する個人主義的な行為にしてはならない、とデューイは考えたのです。

一九一〇年代のアメリカの新教育実践を紹介した『明日の学校』で、デューイはルソーとペスタロッチの対比をおこなっています。

からだをとおしての学びこそが学びの基本であることを説いて「子どもをつねに事物のなかにおけ」と主張したルソーの教育思想は、デューイが指摘しているように、この時代の新教育実践の共通のバックボーンになっているのですが、しかし、『エミール』において看過された学習の協働性に注目したのはペスタロッチ――心ならずも学校教師として非学校的な教育実践を追究せざるをえなかった後期の（シュタンツではなくブルグドルフの）ペスタロッチ――だというのです。

おそらくそういう理由で、ペスタロッチはルソーが見落としていた真理をしっかりと把握した。人間の自然な発達とは、社会的な発達を意味すること、自然にもまして他者との結びつきが個人にとって決定的であることを、彼は悟ったのである。彼自身のことばをかりていえば、〈自然は人間を、社会的な諸関係をとおして、そして社会的な諸関係にむけて教育する〉のである。

（デューイ『明日の学校』、一九一五年、筆者訳）

とはいえ、ペスタロッチが彼の「事物教授」を方法化する過程でみずからの出発点から大きくそれていくことを、デューイは批判しているのですが、ここではそのことには立ち入りません。というわけで、デューイにおいては、手仕事や遊びは、社会性・共同性の構築と不可分なこととして追究されています。それは、場のなかの行為、場を形成する行為としての学習の再生を企図しているのです。

受動的な暗記吸収から、状況への「参加」へ

教育や学習にたいするデューイの関心は、民主主義の形成という問題意識とつよく結びついています。『明日の学校』（一九一五年）を「民主主義と教育」という最終章で結んだデューイが、翌一九一六年に同名の大著を刊行していることからも、それはうかがわれます。

教科書に書かれた事実をいわれたとおりに「覚えこむ」伝統的な学習方法は、権威主義的な社会にこそふさわしいものだと、デューイはいいます。新しい学習がめざしているのは、それとは異質な関係性なのです。つまり、ニュートラルな「教育効果」が問題にされているわけではないのです。

できあがった知識をたんに与えられることになじんだ人間は、知的にも道徳的にも受動的になります。学ぶということは、教師や制度が指定する正しい答えを「言い当てる」ことに帰結していきます。他者や仲間は、たんに「競争相手」として必要になるのであって、学習は本質的には個人の閉ざされた行為としておこなわれることになります。

こういう学習が支配的になるということは、そうした学習のありかたを求める社会がかたちづ

くられている、あるいはかたちづくられつつある、ということでもあるのでしょう。新自由主義の名において、おなじ過程がいま、グローバルな規模で進行しているといってよいのではないでしょうか。

その意味でも、デューイの教育理論は私たちにとって、ますます同時代性をおびたものとしてある、といわなければならないでしょう。

それは構成的な活動としての学習の本質を強調します。学ぶということは、学習主体がみずから知識を構成していく活動なのですが、それは他者との相互作用のなかで展開する共同の事業なのです。そのような仕方で獲得されることによって、知識は自分たちが獲得したかけがえのない「価値」となるのです。「知識とよぶに値する知識、確実に何かに到達する知性の訓練は、社会生活の諸活動にしたしく積極的に参加することによってのみ得られる」と、デューイはいいます。そういう仕方で知識をつくりだしていく、その経験が民主主義社会の「市民」を育てると、デューイは考えたのです。

学校をコミュニティの萌芽たらしめる、というデューイの問題意識もまた、ここに由来しています。デューイにおいては、地域社会もまた、構築されるべき何かとして存在したのです。

学びを、あれこれの知識・技能の、個人による内化・吸収のプロセスとしてとらえる旧来の学習観を批判して、それを共同体の文化的実践への参加のプロセスとして定義するレイブやウェンガーたちの「正統的周辺参加」の理論は、デューイの学習観を継承するものといってよいでしょう。学習のプロセスにおいてもっとも本質的なものは、一定の知識内容の吸収・習得ではなくて、社会的実践への、そして意味ある状況への「参加」なのです。

個人の成長は、他者との交渉のなかで達成される

話がゴタゴタしてきたので、ちょっと整理しましょう。

1　デューイと同時代の教育実践者たちは、構成的な諸活動が学習の基本たるべきだと考え、遊びや手の労働を学校教育の中心にすえた。からだをとおしての活動型・参加型・獲得型の学び（learning by doing）が追究された。

2　そのモデルとなったのは、学校の外の社会生活のなかでおこなわれている遊びや労働であった。都市化・産業化にともなって、当時すでに社会生活のなかでも衰勢にむかっていたそれらの活動を、学校のなかにとりこみ、再組織することを、教師たちはめざした。

3　この経験学習が企図したのは、たんなる習熟ではないし、またたんなる娯楽でもない。学校教育における活動的作業は、一定の条件をそなえたものでなければならない。とりわけ経験を知的に拡大すること、直接的な経験をこえた人類の長く遠いいとなみに視野を拡大することが、学校教育の固有のしごととされた。そうした観点にたって、活動の選択と再組織が

おこなわれた。

4　とくに熱心に配慮されたのは、しごとへの参加とそれをとおしての仲間づくり、他者との協働とキャマドリー（同志性）の形成である。学校は社会連帯の絆《きずな》を育てる場でありうるし、またそうでなければならない、というメッセージが、その底を流れている。

実験学校の「子どもたちが食事の支度に活発に立ちはたらいている台所」の情景を紹介したデューイは、「受動的な、生気のない受容と拘束とはうって変って」「精力がはずみづいてわきあがっている」子どもたちのようすに、参観者は「横面にひとつ平手打ちをくったような思いがするだろう」と評釈したが（『学校と社会』、本書56ページに既出）、つづけてつぎのようにもいっている。

しかし、社会的態度における変化も同様に顕著なものである。たんに事実や真理を吸収するということなら、これはもっぱら個人的なことがらであるから、きわめて自然に利己主義におちいる傾向がある。たんなる知識の習得にはなんら明白な社会的動機もないし、それが成功したところで明瞭な社会的利得もない。実のところ、成功のためのほとんど唯一の手段は競争的なものであり、しかもこの言葉の最も悪い意味におけるもの――すなわち、どの子どもが最も多量の知識を貯え、集積することにおいて他の子どもたちにさきがけるのに成功したかをみるために復誦《ふくしょう》ないし試験を課して、その結果を比較することである。じつにこれが支配的な空気であるから、学校では一人の子どもが他の子どもに課業のうえで助力することは一つの罪になっているのである。

（同上書、宮原誠一＝訳）

焦点を個人の成長に絞った場合でも、その個人の成長は基本的には他者たちとの交渉のなかで達成されるものなのであって、自分を活かすことで他者を活かし、他者を活かすことで自分が活きる相互的な磁場がなければ、たとえその人の資質がどうあれ、個人の成長は小さく制約されたものにならざるをえないでしょう。事物とかかわり、また他者と協働する場を保障しないかぎり、個人の成長もまた期待しがたい。社会成員としての人間の成長と個人の個性の開花を、デューイは二項対立とは考えませんでした。それを対立項にしてしまう社会と教育のありかたこそが問われなければならないのです。

7　比較すること、翻って「教科と総合」について——学びのパースペクティブ

比較し、体験し、人類の歴史を追体験する

デューイが紹介している繊維の実践で面白いなと思うのは、比較が重視されていることです。羊毛だけでなく、綿だけでもなく、羊毛・綿・亜麻など、複数の素材が教室にもちこまれています。日本ならば、さしずめ、これに絹をくわえたくなるかもしれません。羊毛や亜麻と比較することで、人間の歴史、とくに世界資本主義の主力商品となった綿の特質を考える大きなてがかりが提供されているのです。この段階でそのことが直接話題にされているわけではありませんが、そこに通ずる仕方で、繊維の学習がおこなわれています。

もちろん、羊毛も綿も、それぞれに豊かな内容をふくんだテーマで、子どもたちはそれぞれの繊維の研究から確かな手応えを感じていたと思うのですが、両者を比較することで、ちらりと

「歴史」が現れてくるのです。こうした歴史感覚は、事件や年代の暗記にもまして、歴史をみる基礎として重要です。

ぼく自身も、いろいろな繊維を集めてそれを比較することを、社会科教育法の授業などでは、ときどきやっています。手ざわりなどで繊維をいいあてるゲームからはじめて、それを古い順から並べていきます。もんだり、水にぬらして絞ったり、染めたり、燃やしたりします。ぼくの場合は、そこから綿に対象を絞っていくのですが、種子の分離にしても、紡績にしても（糸紡ぎは子どもを熱中させる作業のひとつです）、綿にはいろいろなハードルがあって、それを乗り越えたときに木綿は、「南北」両世界の、階級横断的な世界商品になっていくわけです。そうした作業を抜きにして、ことばだけで産業革命を語っても、それは死んだ知識にすぎません。

デューイがいうように、体験学習は、そのことを明示的に語るかどうかはべつにして、かなり大きなパースペクティブのなかで準備される必要があると思います。「学校におけるこれらの仕事は、……自然の種々なる材料ならびに過程にたいする科学的洞察が活発におこなわれる中心の場であり、そこから子どもたちが人類の歴史的発達の理解へとみちびきこまれるべき出発点であらねばならない」（『学校と社会』）のです。

体験と知識をつなぐ、経験とことばをつなぐ

つねに、というわけではないのですが、そうしたさいに、比較はしばしば威力を発揮します。たとえば小麦やパンをとりあつかうときに、比較材料として米をもちこんだらどうかと、ぼくは思っています。米のもみすりのかんたんさ、ご飯炊きの容易さと、小麦の製粉の困難さを体験することは、粉食の文化、機械の発達（石臼から水車まで）、発酵、オーヴンといった小麦にまつわる文化複合に興味を広げていく有効な手がかりでしょう。うどんが、江戸時代までの日本で、なぜ高価な食品であったのかを考えるうえでも、粉挽きの体験は重要です。

こうなると、もう、教科学習と総合学習をべつのものとみなすことはできなくなります。教科を深め、活性化する核が「総合」のなかにあるのであって、そういうものとして総合学習の内実をつくりあげていくことが必要です。

体験すること（総合）と、知識をえること（教科）とをべつなことと考える思考法は、体験と知識の双方を貧困化するものです。それをつなげていく努力（うまくいかないことも多いのですが）をねばりづよくつづけていきたいものです。

［補記］

手の労働に焦点をおいたので、子どもの自発的活動のもうひとつの領域である「遊びと表現」に言及することができませんでした。

教科学習と総合学習の有機的結合を図ろうとすると、遊びや手仕事とともに、表現の問題が大きななかなめになってきます。学校が「民主主義の学校」たりえているかどうかは、なによりも、子どもの言語能力の質によって表示されているといってよいでしょう。空疎な「国語」の授業などではなく、事物と他者へのかかわりこそが、子どもの言語発達の根源的な基盤であるからです。皮相で権威主義的な教育の帰結は、子どもの言語能力の貧困というかたちで端的にあらわれてきます。デューイも、このことに多くのページをついやしています。『学校と社会』から、言語についての一節を抜き書きしておきます。（改行は引用者）

旧制度のもとにおいては、子どもたちに自由にのびのびと言語をつかわせることは、疑いもなくきわめて困難な問題であった。その理由は明白であった。言語にたいする自然な動機がほとんどあたえられなかったのである。教育学の教科書においては、言語とは思想を表現する手段であると定義されている。なるほど思考的に訓練されたおとなにとっては言語は多かれ少かれそういうことになるが、しかし、言語はまず第一に社会的なものであり、それによってわれわれが自己の経験を他人にあたえ、逆に他人の経験を受け取るための手段であることは、あらためていうまでもないことであろう。

もしも言語をこの自然な目的からひき離してしまうならば、言語の教授が複雑で困難な問題になることは、怪《あや》しむに足りない。言語を言語それ自体として教授せねばならぬことの不合理を思うてもみよ。子どもが学校に入る前に自らすすんでやっていることがあるとするならば、それは自分にとって興味のあることがらについて語ることである。しかるに、学校のなかでいきいきとした興味が触発されないばあい、言語がたんに課業の反復のためにのみつかわれるばあい、学校教育の主たる困難の一つが母語《マザー・タング》を教えることだということになるのは、おどろくに当らないことである。

教えられる言語は不自然なものであって、いきいきとした印象や確信を人につたえようとする真の欲求から生じたものではないので、言語をつかうことにおける子どもたちの自由はしだいに消え失せ、ついに最後にはハイ・スクールの教師が生徒たちがどうかして言語を自発的に、のびのびとつかうようになるようにと、これに役立つようなありとあらゆる種類の工夫を案出しなければならないことになるのである。

さらにまた、言語本能が社会的な仕方によって触発されるばあいは、そこには現実との不断の接触がある。その結果、子どもは、つねに心のなかに、なにか語るべきものを、口に出そうとするなにかを、もっている。それはまた、子どもが発表すべき思想をもつということであるが、思想というものはそれが自分自身のものでなければ［真に］思想ではないのである。伝統的な方法に立てば、子どもはかれがたんに学習したことがらを言わねばならぬのである。

およそ世の中で、なにか言いたいことがあるのと、なにかを言わなければならないのとのあいだには天地の相違がある。いろいろさまざまの材料や事実をもっている子どもは、それらのものについて語りたいのであり、しかも、その言語は、現実の事物によって統制され教えられるからして、いっそう洗練され、いっそう充実せしめられる。

読み方や書き方も、言語の、口での使用と同じように、この基礎に立って教えることができる。すべてこれらのものは、自己の経験を他に語り、他の経験を自己のものとしようとする子どもの社会的欲求、それにもとづいてはじめて真実が伝達される事実や力との接触をつうじて不断にみちびかれるところのこの社会的欲求の自然の結果として、相互に関連した仕方で教えることができる。

（宮原誠一＝訳。ただし引用者の判断で mother tongue の訳語を「母国語」ではなく「母語」に変えた）

＊――この章は、鎌倉市・御成小学校の校内研究会（二〇〇三年九月）のための補足資料として執筆したものです。その後すこしずつ加筆して、このようなかたちにまとめました。私の大学でのゼミと並行して書き継いだので、同僚・学生諸君との討論にも多くを負っています。これらのかたがた、考える素材を与えてくださった実践記録の執筆者のかたがたに深謝するとともに、私たちの共同のしごとにむけての小さな一石となることを願っています。

後記

能力については、基本的に私は不可知論の立場だ。昔から火事場の馬鹿力というではないか。人間の能力には、どのように変化するかわからない複雑さ、多面性、未確定性があり、そのわからなさにこそ、生きた人間の姿がしめされているのだろうと思う。

にもかかわらず、いえそうなことがある。人を「賢く」したり、その精神を豊かにする環境というものが、たしかにあり、またその逆もある、ということ。だから、すぐれた才能はいつもおなじ時間と空間から、一塊になってうまれてくる。人間を育てる場や文化というものが、たしかにあるのだろうと思う。その逆な場や文化、も。

日本の学校は、いま、どういう場として存在しているだろうか？

日本の社会は、あるいは日本の文化は、いま、どういう社会、どういう文化として機能しているだろうか？

私がこの本を編んでいた二〇〇四年の十一月、文部科学相の某氏が「甦れ、日本！」と題する私案を閣議に提示し、了承をえたことが報道された。「国家戦略としての教育」をうたい、競争的な環境下での学力向上、国家有用の人材の育成をはかる、というもの。「頑張ることを応援する教育」「全国学力テストの実施」などということばが躍っている。

人間を「愚か」にし、その精神を貧しいものにする場や文化は、つねにこうした発想のもとでかたちづくられ、増殖し、踏みかためられてきた。そのことを、私は本書で論じつくしたつもりである。

私は日本のすべての学校がこの某氏の呼号する方向に靡《なび》いているとは思わない。もっとたしかな手応えを感じさせるいとなみが、いたるところで静かにおこなわれ、教育の希望をはぐくんでいる。結語に代えてひとつの事例を紹介したい。谷津田（谷地にある水の多い湿田）の再生にとりくんでいる市民グループの友人が教えてくれたものだ。

近ごろ、メダカを見かけることがすくなくなった。環境庁のレッドリストにも準絶滅危惧種として登録されている。水辺のメダカをとって見ると、メダカではなくて、カダヤシだったりする。大きさ、姿が似ているが、メダカの仲間ではない。胎生（メダカは卵生）で水面近くを遊泳し、基本的には肉食性の攻撃的な淡水魚。熱帯魚のグッピーの仲間だ。カダヤシという和名がしめすように、ボウフラ対策に導入された外来魚である。メダカはこのカダヤシに駆逐されてすくなくなった、といわれている。

こういうことを生半可な知識として知ってしまうと、私たちは、メダカとカダヤシの共存は不可能だときめつけてしまいがちなのだが、カダヤシのいる水辺にもしばしばメダカが棲息していることをつきとめて、両者の種間関係をあきらかにしようとしている高校生たちがいる。山口県・厚狭高校生物部の生徒たちだ。

胃の内容物を調べると、メダカは緑藻など、植物性のものを食べ、カダヤシは動物性の餌をとっている。棲息場所についても、棲み分けがおこなわれていることがわかってきた。季節的にも、冬の水温五度以下の状態では、カダヤシの行動は鈍り、メダカは活発に泳いでいた。しかし、夏になると、カダヤシがメダカをつついて全滅させることもある。その他、流速、塩分濃度、富栄養化の度合いなど、いろいろな条件下で、生徒たちは両種の個体数がどう変化するかを観察・実験している。（児玉伊知郎「山口県内のメダカとカダヤシの分布と両種の種間関係」、『遺伝』二〇〇一年一月号、裳華房）

データ数の不足など学問的に不十分な点もあろうが、生徒たちに「自然の大切さ」と「研究の醍醐味」を感じとってもらいたかったと、児玉教諭はのべている。これは部活動だが、「カダヤシによるメダカの駆逐」という「常識」に挑んで、両種の関係をより具体的につきとめようとした高校生たちの活動は、理科や総合学習の授業実践にとっても、大きな励ましとなる内容をふくんでいると思う。

逆風はつよいが、柔らかな市民的知性が、育っていないわけではないのだ。

二〇〇五年四月

里見　実

里見 実（さとみ・みのる）
教育学専攻。国学院大学教員、自由の森学園協力研究者。本書に関連する著作・翻訳として、『学ぶことを学ぶ』『学校を非学校化する』『働くことと学ぶこと』（以上、太郎次郎社）、『もうひとつの学校に向けて』（共著・筑摩書房）、パウロ・フレイレ『希望の教育学』（太郎次郎社）、アウグスト・ボアール『被抑圧者の演劇』（共訳・晶文社）などがある。

学校でこそできることとは、なんだろうか
二〇〇五年五月十五日　初版印刷
二〇〇五年五月三十日　初版発行
著　者　里見 実
装幀者　間村俊一
カバー　自由の森学園高校 生徒作品（手製本）
発行所　株式会社太郎次郎社エディタス
東京都文京区本郷四―三―四―三F　郵便番号一一三―〇〇三三
電話〇三―三八一五―〇六〇五
ホームページ http://www.tarojiro.co.jp/
電子メール tarojiro@tarojiro.co.jp
印刷所　厚徳社
製本所　難波製本
ISBN4-8118-0716-2 C0037

太郎次郎社

●里見 実の本●

学ぶことを学ぶ

空洞化した教えや学びを根底から問いなおし、新しい学びのイメージをどのように創出するか。言語をとおし、身体を媒介にして、世界にはたらきかけ、みずからのアイデンティティをうちたてるための「学び」とは。「学び方を学ぶ」ことからの出発、その大学での実践。……●四六判上製・二三二ページ●二〇〇〇円＋税

学校を非学校化する 新しい学びの構図

教師が「正解」を握り、生徒はそれを教えられ、復唱する。この一方的な関係を変えること。フレネ教育に学び、子ども―大人のタテ関係の文化から、ヨコ並びの「学び」の対話へと転換すること。それはひとつの社会の文化を変革することを意味する。……●四六判上製・二二四ページ●二〇〇〇円＋税

働くことと学ぶこと わたしの大学での授業

学ぶとは？ 働くとは？ 生きる基礎を問いかけられて学生たちは議論し、考え、その思索を書きつけ、交換し、ふたたび考える。受験勉強をくぐりぬけてきた若者たちがはじめて学ぶことと出会い、大学を〈自分づくり〉の仕事場にしていった授業の記録。……●四六判上製・二六四ページ●二三〇一円＋税

希望の教育学 パウロ・フレイレ著、里見 実訳

いまある状態が、すべてではない。ものごとを変える、変えることができる、という意志と希望を失ったそのときに、教育は、被教育者にたいする非人間化の、抑圧と馴化の手段になっていく。自分と世界との関係をつくりかえる「希望」を追究する教育思想家フレイレ、晩年の主著。……●四六判上製・三三六ページ●三二〇〇円＋税